L'Encyclopédie *du* LABRADOR *et des* RETRIEVERS

R. Raikes

L'Encyclopédie *du* LABRADOR *et des* RETRIEVERS

ÉDITIONS DE VECCHI S.A.
52, rue Montmartre
75002 PARIS

Cet ouvrage n'est qu'un guide destiné à vous aider à découvrir une race. Pour élever un chien, qui, s'il est mal dressé, peut être dangereux, il est toutefois nécessaire de très bien connaître le tempérament caractéristique de la race concernée, ainsi que les principes généraux de psychologie et de comportement canins.
Nous conseillons donc au lecteur d'approfondir le plus possible ces sujets en consultant des ouvrages spécialisés et en demandant conseil à des personnes compétentes et expérimentées, à la fois pour comprendre et gérer au mieux le caractère de son chien et, en cas de problèmes spécifiques, pour obtenir les informations les plus complètes et les plus à jour possible.
Il est recommandé de ne pas laisser les enfants jouer avec les chiens sans une surveillance directe du maître de l'animal.

Je remercie tous les éleveurs qui m'ont prêté certaines photos illustrant cet ouvrage.

Projet graphique de couverture : Studio Tallarini

Photos de l'auteur sauf mentions contraires

Dessins : A. Marengoni

Traduction : Nathalie Rossi

Imprimé en Italie

INTRODUCTION

Les Labradors sont les plus connus des Retrievers, c'est-à-dire des chiens spécialisés dans la récupération et le rapport – même dans les situations les plus difficiles – du gibier abattu par les chasseurs. Ils sont surtout utilisés pour un type de chasse effectué avec de grandes battues et qui exige différentes spécialisations propre aux pays anglo-saxons où ces races sont très répandues depuis toujours.

Mais en plus de ces aptitudes au travail et de leur robustesse physique, ces chiens présentent également des qualités liées à leur grand équilibre psychique. Leur douceur de caractère et leur grande joie de vivre ont permis aux retrievers de trouver une place en tant que simples chiens de compagnie, quand ils ne sont pas utilisés à des emplois sociaux, tels que chiens guides pour les personnes non voyantes ou auxiliaires de recherche de personnes disparues.

Ces dernières décennies, les Labradors et les Golden Retrievers sont devenus très populaires et ils font désormais partie des races les plus répandues, jouissant d'un succès mérité.

Au travers du Labrador, la race la plus connue parmi les retrievers, nous allons parcourir l'histoire de leurs origines communes, les particularités morphologiques des standards et les problèmes liés au choix du chiot, à l'éducation, au dressage, à l'alimentation et à la santé, tout en tenant compte du double emploi de ces races, grands travailleurs sur le terrain de la chasse et compagnons joyeux et infatigables dans la vie de tous les jours.

ORIGINES ET HISTOIRE

LE LABRADOR

Malgré les nombreuses recherches effectuées sur l'origine du Labrador, on n'a pas encore trouvé de documents vraiment probants sur sa naissance et son développement.
Les premières descriptions d'un chien aux caractéristiques très proches de celles du Labrador actuel remontent au début du XIXe siècle, lorsqu'il apparaît dans les récits de voyageurs qui témoignent en avoir vu auprès des pêcheurs sur les quais des ports de l'île de Terre-Neuve, au Canada.
Le colonel Peter Hawker, dans un écrit de 1814, décrit une variante du Terre-Neuve appelée Saint John et en parle en ces termes : « Excellent pour n'importe quel type de chasse, il présente une robe noire et n'est pas plus grand qu'un Pointer. Il est extrêmement rapide dans la course et dans la nage : il a de belles jambes, un poil court et sa queue n'est pas enroulée comme celle du Terre-Neuve. »

Chez le Labrador, on recherche l'équilibre parfait entre puissance et harmonie. L'impression générale est celle d'une grande générosité. Sh. Ch. Poolstead Porridge Oats, Best of Bread al Crufts, 2001

Sh. Ch. Poolstead Problem

Sur les froides côtes du Canada, la robe courte de ce chien est particulièrement appréciée car, en sortant de l'eau gelée, les poils courts ne retiennent pas la glace comme ceux, plus longs, du Terre-Neuve.
Dans toutes les descriptions qui remontent au XIXe siècle, les termes de Labrador et de Terre-Neuve sont utilisés indistinctement. On peut penser que, à cette époque, le Labrador aux caractéristiques définies que nous connaissons actuellement n'existait pas encore.
Quelle est donc l'origine réelle du Labrador ?
En réponse à cette question,

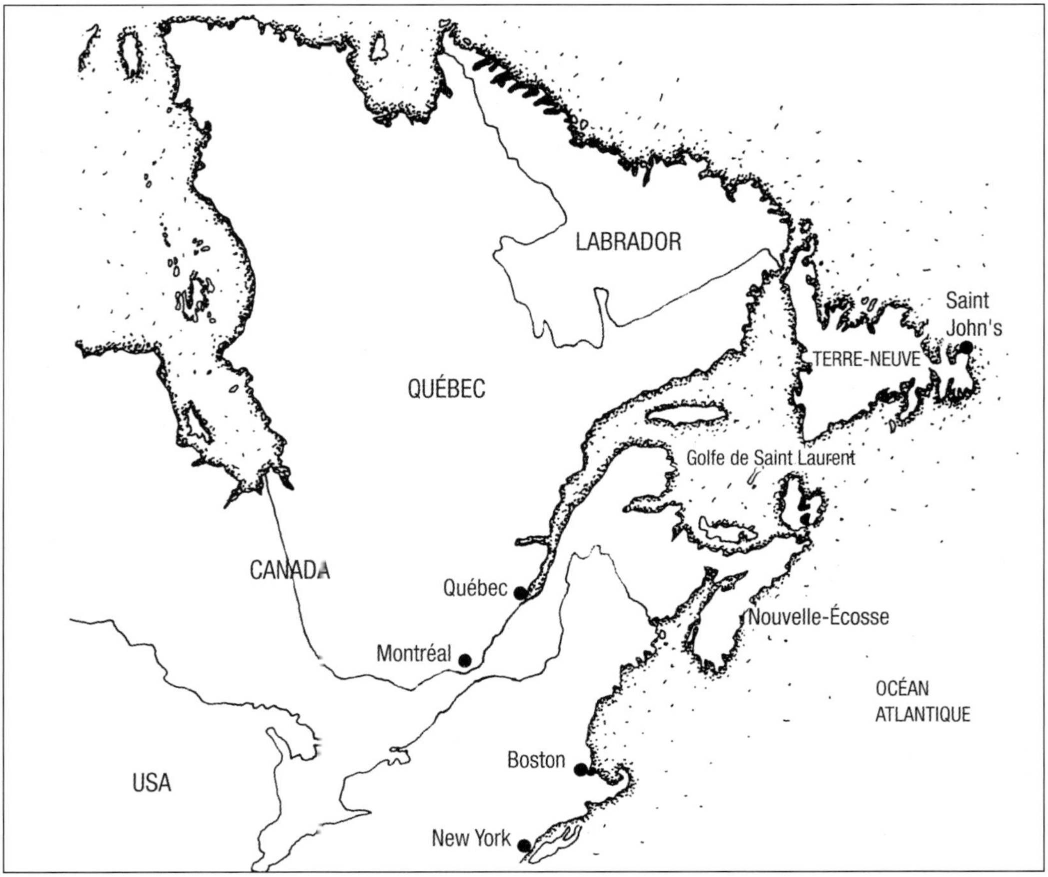

plusieurs hypothèses ont été formulées.
Lord George Scott et Sir John Middleton arrivèrent à la conclusion que le Labrador était le résultat de différents croisements de chiens qui faisaient la route avec les pêcheurs de morue entre les côtes de Terre-Neuve et Poole Harbour, dans le Dorset, en Grande-Bretagne.
Mary Roslin-Williams n'est pas de cet avis. Fondatrice de l'élevage Mansergh, elle a apporté une contribution fondamentale à la formation de la race, dans la sélection de la robe noire dominante. Elle critique la théorie de Scott et de Middleton en faisant remarquer, sur la base de son expérience personnelle, qu'il est très difficile de stabiliser une robe noire pure, ainsi que d'autres traits génétiques, comme l'aptitude au rapport, d'autant plus si cela s'effectue sur la base du hasard des croisements qui pouvaient advenir au temps des pêcheurs de Terre-Neuve. Soutenant que, même en partant d'une ligne de purs sangs, il est assez difficile de produire des chiens noirs purs, sans aucune tache blanche, elle doute que les pêcheurs de Terre-Neuve aient pu s'accorder le luxe de sélectionner le chien noir Saint John décrit par le colonnel Hawker.
L'hypothèse avancée par Roslin-Williams est, en revanche, celle d'un Labrador descendant d'un chien de travail utilisé par les paysans des régions côtières du Portugal du nord, à l'époque centre d'un trafic maritime important. Ce chien, appelé chien de « castro laboreiro », existe toujours

Sur ces deux gravures du XIXe siècle, un Terre-Neuve typique de l'époque (au-dessus) et un chien saint John. Les deux furent également appelés Labrador. Le saint John ressemble plus au Labrador actuel, même si sa robe et sa queue sont trop bouclées

aujourd'hui et ressemble à un vilain Labrador. Le nom lui-même laisse penser à une possible distorsion phonétique opérée par les pêcheurs de Terre-Neuve, qui avaient peut-être du mal à prononcer le terme étranger, tout en connaissant le mot « Labrador », qui est le nom d'une province voisine.
Les origines du Labrador n'ont pas encore été clairement définies : la seule chose que l'on peut dire avec certitude c'est que les éleveurs anglais remarquèrent très tôt son habileté à ramener des proies blessées, tombées dans l'eau ou à terre et qu'ils décidèrent de l'insérer dans les lignées des chiens de rapport.
C'est ainsi que le gentleman sportif Lord Malmesbury, qui habitait à Hum Court, près de Poole Harbour, produisit le premier chien, ancêtre de tous les Labradors noirs, présentant toutes les caractéristiques du Labrador actuel. Buccleuch Avon, né en 1885, possédait une tête splendide, une expression douce, une robe double et la typique queue de loutre. Lord Malmesbury offrit ensuite quelques-uns de ses chiens au septième duc de Buccleuch et à Lord Hume.
La Grande-Bretagne de cette époque avait vécu la révolu-

tion industrielle ; elle était riche et l'empire était à son sommet. Les esprits les plus ouverts étaient fascinés par les recherches sur l'évolution scientifique, et en particulier les aristocrates qui, disposant de temps et de moyens, se consacrèrent à la création et à l'amélioration d'espèces végétales et animales.

C'est à cette époque que le Labrador passa d'une base de sélection un peu hasardeuse au statut de sujet de sélection aimé des éleveurs nobles, déjà habitués à sélectionner intelligemment d'autres races comme les vaches, les chevaux ou les moutons. Le Labrador conquit de cette façon sa place au soleil en Grande-Bretagne et un article datant de 1870, écrit à l'occasion d'une exposition canine, expose le souhait de « voir bientôt effectuée une nette distinction entre le Terre-Neuve bien connu et le Labrador à la robe noir charbon ».

Depuis la fin du XIXe siècle jusqu'à nos jours, le Labrador est devenu l'un des chiens les plus populaires grâce à son tempérament doux et à son ardeur au travail.

Dans les années 1930, lors de la fameuse exposition internationale de Crufts, les Labradors ont obtenu au moins trois fois le Best in Show. Les premiers ont tous été remportés par Lady Howe : en 1932 et en 1933, avec son chien bien aimé Bramshaw Bob, et en 1937, avec le champion Cheverella Ben of Banchory.

En 1938, toujours au Crufts, le roi Georges VI présenta, sous l'affixe royal Sandringham, son chien Stream, élevé par son père, Georges V.

La famille royale anglaise possède toujours un très bel élevage de Labradors, davantage sélectionnés pour le travail que pour les rings d'exposition. En Grande-Bretagne, il n'y a eu que dix Labradors champions, de beauté comme de travail, et tous descendent en ligne masculine de trois grands étalons : Avon, Netherby Boatswain et Smiler, de Lord Malmesbury.

Parmi ceux qui ont contribué à la formation de la race, on ne peut oublier Gwen Broadley qui, en travaillant sur les bases déjà posées par Lorna, comtesse de Howe, offrit à la race plus de 70 champions sous son affixe Sandylands, qui est encore aujourd'hui l'un des élevages les plus prestigieux de Grande-Bretagne. Le Kennel Club anglais (l'association qui réglemente toutes les races canines) reconnaît officiellement la race Labrador depuis 1904 et l'Association de la race Labrador a été fondée en 1916.

Même si les sujets noirs ont prévalu au départ, les chiens de couleur sable ont peu à peu commencé à être élevés. Veronica Wormald fonda l'Association de race des Labradors sables en 1925 et continua à faire concourir ses chiens au Crufts jusqu'en 1978.

La troisième couleur de la robe du Labrador, après le noir et le jaune, est la couleur chocolat. Elle était au départ appelée couleur foie, de manière plus appropriée. L'honneur d'avoir élevé la première championne couleur chocolat, Cookrigde Tango, revient à madame Pauling.

Tout ce que nous avons dit jusqu'à présent met en évidence que le mérite d'avoir formé le Labrador, tant du point de vue morphologique que des aptitudes (et nous verrons par la suite que la forme du chien est le reflet de ses fonctions), revient de façon toute particulière à la Grande-Bretagne et surtout aux hommes et aux femmes qui se sont consacrés avec une passion désintéressée à l'application des principes génétiques. Ils ont ainsi forgé cette association entre l'utile et l'agréable qu'est le Labrador.

Le Kennel Club américain a reconnu officiellement la race Labrador en 1917 et l'association de la race a été fondée en 1931.

En France, le Retriever club est né en mai 1911 et s'occupe, parmi d'autres races de rapport, du Labrador (*retrie-*

Portrait du « Capitaine avec angelot et chien » du Titien

Chiens souches de la lignée Poolstead : Braeduke Julia de Poolstead, Ch. Poolstead Pinnacle, Poolstead Mary Rose, Sh. Ch. Poolstead President

ver en anglais signifie « rapporteur »).
Mais c'est sans doute en Italie que l'on trouve l'une des premières représentations du premier Labrador de l'histoire. En visitant une exposition de peinture du Titien à Venise, en octobre 1990, je me suis retrouvée face au portrait du « Capitaine avec angelot et chien » datant de 1552, sur lequel, au pied dudit capitaine, se trouvait représenté ce qui était indiscutablement un Labrador couleur sable. Même les défauts du chien étaient ceux que l'on peut rencontrer aujourd'hui : queue trop enroulée, oreilles un peu lourdes et ossature excessivement fine. Comment était-ce possible ? L'un de mes amis, amateur d'art et d'histoire vénitienne, m'a donné cette explication : moins de 100 ans avant la réalisation de ce tableau, deux vénitiens, les Caboto père et fils, avaient exploré les côtes de la péninsule du Labrador et en avaient ramené des informations, des descriptions… Pourquoi pas des chiens d'eau de ce type ? Quoi qu'il en soit, j'ai été captivée par ce tableau qui datait d'au moins 300 ans avant les premières informations anglaises sur cette race.

Sh. Ch. Poolstead Preferential, né en 1978 de Sh. Ch. Poolstead Problem et Sh. Ch. Poolstead Preface

L'avis d'une grande éleveuse

Il n'existe pas à proprement parler de « lignées françaises » dans le Labrador. La très grande majorité des chiens nés en France (pour ne pas dire tous) sont issus de chiens importés de Grande-Bretagne. Parmi les différentes lignes de sang présentes en France on trouve la lignée Poolstead, qui appartient à madame Hepworth.
Tout le mérite de cette merveilleuse souche de Labradors revient à cet élevage qui, avec Poolstead Porridge Oats, a conquis le titre du Meilleur de la Race au Crufts de 2001.
Voici ce que m'a confié à ce propos l'éleveuse, madame Hepworth.

Question. Poolstead a donné son empreinte à la race : quels sont les chiens que vous considérez comme les souches de votre élevage ?

Réponse. Braeduke Julia of Poolstead, qui a engendré quatre champions britanniques et un champion américain, ses quatre portées (parmi lesquelles trois conçues avec des mâles différents), et Poolstead Kinley Willow (championne par la suite), qui a été la grand-mère de Sh. Ch. Poolstead Problem, à travers Poolstead Pussy Willow (fille de Willow).
Problem et son fils Sh. Ch. Poolstead Preferential ont certainement été les deux mâles les plus importants de mon élevage, qui descend d'eux et des femelles déjà mentionnées.

Question. La dernière fois que nous avons parlé de Labradors, vous m'avez dit que vous souhaitiez faire revivre les vieilles caractéristiques généalogiques… Avez-vous fait des pas dans cette direction depuis et pouvez-vous en expliquer les raisons ?

Deux femelles inimitables appartenant à l'une des meilleures lignées de sang jaune (Poolstead), typique du Labrador classique. Propr. élevage Torre Palazzone

Réponse. J'ai utilisé le champion Sloane Ranger of Bulgenen avec Sh. Ch. Poolstead Pipe Dreamer pour engendrer Poolstead Pumpkin et Poolstead Pineapple. Sloane Ranger était le fils de Poolstead Palmerston, lui-même fils de Sandylands Sovereign of Suddie (Ch. Sam of Suddie × Sh. Ch. Sandyland Mercy).
J'ai également utilisé Stanwood Blockbuster, âgée de onze ans, qui a engendré Sh. Ch. Poolstead Publican.
Tout cela a permis de faire réapparaître beaucoup des anciennes caractéristiques généalogiques et nous a ramenés aux Kinleys jusqu'à la quatrième génération environ.
Publican a donné naissance à Greenwoorth Master Oats, qui a engendré Sh. Ch. Poolstead Poorridge Oats (Best of BreedCrufts 2001). C'est ce qui me plaît : un type de Labrador à l'ancienne, au tempérament gentil et calme, différent du type moderne, trop voyant.

Question. Pensez-vous qu'un exercice pratique (épreuve sur le terrain) devrait être obligatoire pour les prétendants au titre de champion ?

Réponse. Je ne pense pas que cela soit nécessaire pour obtenir le titre de champion de Club, mais je pense que l'obtention d'un certificat de qualification serait une très bonne chose pour un sujet, avant d'atteindre le titre de champion proprement dit, en le distinguant de cette manière du titre de champion d'exposition.

Question. Le fait que, à l'étranger, le Labrador puisse devenir une race « à la mode », et donc puisse aussi « passer de mode », vous inquiète-t-il ?

Réponse. Bien sûr, le fait que le Labrador puisse « passer de mode », tant en Grande-Bretagne qu'à l'étranger, me préoccupe. Le problème, c'est qu'il s'agit de chiens tellement gentils et obéissants, tellement désireux de plaire à leur maître, que certains tombent malheureusement entre les mains de personnes qui les élèvent et les vendent uniquement dans le but de gagner beaucoup d'argent. C'est vraiment dommage, mais difficile à empêcher.

Question. L'élevage du Labrador devenant de plus en plus un fait commercial plutôt qu'un véritable processus de sélection, quels conseils donneriez-vous à un éleveur débutant ?

Réponse. Je lui suggérerais d'abord d'aller voir un éleveur réputé (j'entends par là de très bonne réputation) et d'acquérir une femelle âgée de six mois environ. Il ne pourra sans doute pas obtenir la meilleure de la portée, car l'éleveur tient le plus souvent à la garder, mais la chienne qu'il choisira devra posséder le pedigree d'excellentes reproductrices sur les quatre générations précédentes, avec la possibilité de contrôler visuellement tous les mâles et femelles du pedigree.
Il devra ensuite utiliser pour la reproduction un mâle aux caractéristiques généalogiques compatibles avec celles de la femelle et, en cas de doute, demander conseil à l'éleveur de la femelle.
Lorsqu'il aura des chiots, il devra absolument s'assurer qu'ils atterrissent dans de bonnes maisons. Il devra poser les bonnes questions aux futurs acquéreurs, par exemple : votre jardin est-il fermé ? Quelqu'un reste-t-il à la maison la plus grande partie de la journée afin que le chiot ne reste pas seul trop longtemps ? Savez-vous que les Labradors qui s'ennuient ont tendance à mordiller tout ce qui leur tombe sous la dent ? Avez-vous de jeunes enfants qui pourraient persécuter le chiot ?
Enfin, ils devront se méfier des acquéreurs qui s'enquièrent du prix avant même d'avoir vu les chiots, sans s'intéresser à leurs géniteurs, à leur tempérament, etc.

Ch. It., du Club de la race Lenches Popcorn (au premier plan) avec sa fille multiprimée Candyfloss.
Propr. élevage Torre Palazzone

Pour en revenir à l'actualité, l'adaptabilité et l'intelligence du Labrador en ont fait l'un des chiens les plus appréciés de notre époque. La race connaît un succès phénoménal en France, où elle est la seconde par le nombre de sujets élevés et se trouve à la première place dans le hit parade du nombre de demandes d'informations au sujet d'une race qui parviennent à la Société centrale canine (SCC).

Royal Silk Guns'n Roses : chiot de Flat âgé de 50 jours.
Propr. Maddalena Gambini, élevage Royal Silk (photo Andrea Tamburini)

LE FLAT COATED RETRIEVER

par C. Rimini Calabrese

Les origines du Flat Coated, comme celles de nombreux autres membres de la race canine, sont entourées de mystère.

Le Flat n'est pas le plus ancien Retriever, cet honneur revenant d'abord au Labrador, puis au Curly, mais c'est sans doute le plus complexe en ce qui concerne son apparition due au mélange de sangs de différentes races. Les premières traces de retriever ne nous aident pas beaucoup car, autrefois, de nombreuses races de chiens capables de rapporter le gibier étaient définies ainsi. Avec le temps, toutefois, l'homme, poussé par la nécessité de se procurer des chiens de rapport toujours plus habiles, commença à distinguer les qualités des différentes races, reconnaissant en particulier les dons des spaniels et des chiens d'eau dans le travail de rapport. Quelque temps plus tard, alors que les races de Spaniels et de Setters étaient déjà bien définies, les chasseurs eurent l'idée de mêler le sang de leurs chiens de chasse à celui de chiens de berger comme le Collie, dont ils appréciaient la grande intelligence et la capacité de travail.

Nancy Laughton, l'une des plus grandes spécialistes du Flat, auteur entre autres du livre *The Review of the Flat Coated Retriever*, en parlant des origines de la race, fait référence à un Setter irlandais noir, cité dans deux ouvrages de la fin du XIXe siècle, comme l'ancêtre de la race.

Dans un texte de 1914, *The history of retrievers*, Charles Eley exprime l'opinion que l'ancêtre du Flat (dont le nom était, aux alentours de 1850, *Wavy Coated Retriever*), était un « Setter de rapport » (*retrieving Setter*).

D'après cet auteur, il est très probable que les Setters irlandais gallois, de même que le Gordon écossais, aient été communément employés pour le rapport aux alentours de 1860 : pour améliorer leur habileté dans l'eau, ces races ont probablement été croisées avec un type de Terre-Neuve un peu plus petit, appelé Saint John, introduit en Grande-Bretagne au début du XIXe siècle.

Les croisements de Setters irlandais gallois, Setter Gordon écossais, Collies et Saint John ont créé un chien noir à la robe ondulée, très proche du Terre-Neuve mais plus petit et plus léger. Dans le texte déjà cité de Eley, on peut lire cette description : « Crâne large et assez court, avec un stop très marqué ; animal à l'ossature puissante, à l'allure souvent roulante à cause de son faible postérieur ». Ces chiens étaient souvent de couleur fauve ou bringée (c'est-à-dire tigrée, avec des rayures noires sur gris ou sur marron), mais il apparut assez vite que la seule couleur souhaitable était le noir. L'Anglais Bond Moore se consacra à la tâche de fixer les caractéristiques de cette nouvelle race, en soignant particulièrement le type et la couleur.

Mais c'est S.E. Shirley (1844-1904) qui est considéré comme le père du Flat Coated. Également célèbre pour avoir fondé le Kennel Club en 1873, il consacra à la fixation des caractéristiques de la race beaucoup de moyens et de temps.

Il commença par acquérir certains chiots, fils de deux chiens célèbres, Old Bounce et sa fille Young Bounce, qui appartenaient à un garde-chasse. D'après Enley, c'est d'eux que descendent tous les Flats actuels. Shirley acheta également beaucoup de chiens à Bond Moore et George Brewes, fondant ainsi son célèbre élevage de Flats, ou Shirley retrievers. Pour commencer, il s'attela à la tâche de faire disparaître les robes ondulées et les longues franges sur les membres hérités des Setters. Son chien le plus célèbre fut Zeistone, universellement reconnu comme l'ancêtre de la race. C'était un chien exceptionnel à la chasse et il fut accouplé à différentes femelles, y compris pour élever des sujets d'exposition. Pour finir, un chien naquit. Ch. Moonstone, jamais battu dans les expositions ou les field trials, dont le nom se retrouve dans tous les pedigrees des champions de l'époque.

On peut lire une description de la race dans un livre de 1889 de Stables : « Le Flat est généralement semblable, par le caractère et le style, à un petit Terre-Neuve, en plus raffiné. Il a une tête plus longue et son crâne n'est pas aussi large. Sa robe n'est pas aussi riche, mais elle est plus brillante que celle du chien d'eau. »

Une fois les origines de la race passées en revue, arrêtons-nous à la période de sa plus grande splendeur, autour des années qui vont de la fin du XIXe siècle à la fin de la Première Guerre mondiale.

Au cours de ces années, le Flat fut, sans aucun doute, le plus apprécié des chiens de chasse en Grande-Bretagne, au point que rares étaient les battues effectuées sans sujets de ce type en Grande-Bretagne. C'était le chien des garde-chasses par excellence.

À l'aube du XIXe siècle, le Kennel Club reconnut le Labrador, d'abord en tant que race étrangère, puis en tant que Retriever ; il devint à la mode et, si on enregistrait 400 Flats et 146 Labradors en 1911, en 1919, les proportions s'étaient inversées et allaient rester les mêmes jusqu'à nos jours.

Vers le milieu des années 1950, la race reprit son ascension en Grande-Bretagne, grâce à un savant élevage et à la large participation des Flats aux field trials. Même si leur nombre d'inscriptions est encore inférieur à celui des Goldens ou des Labradors, le Flat a désormais reconquis la sympathie d'un large public et de nombreux chasseurs. Son ascension constante lui garantit désormais une solide popularité.

Dans les années 1980, la race a énormément bénéficié de la célébrité procurée par le légendaire Ch. Sharglean Blackcap (« Brett »), de l'éleveuse anglaise Pat Chapman, disparu à l'âge de neuf ans, qui fut proclamé Best in Show au Crufts de 1980. Ce sujet, à la morphologie magnifique et parfaitement équilibré, a collectionné les titres avec au moins 63 CC et d'innombrables Regroupements et Best in Show, permettant la croissance de la race et transmettant quelques-unes de ses qualités à certains de ses innombrables descendants.

Le Flat est une race très appréciée en Grande-Bretagne, en Scandinavie et aux Pays-Bas, où il remporte un grand succès y compris en tant que chien de travail. On ne le connaît pas très bien chez nous.

Le premier Flat inscrit en France fut celui de M. Goellet avec Iak de Sandricourt né en 1934 et inscrit à Paris en 1935.

Le Flat Coated Retriever n'est pas une race très répandue en France. Pourtant, il possède la gentillesse de tous les Retrievers, avec parfois une exagération tant il est né pour être un chien joyeux, démontré par le battement incessant de sa queue. C'est une race très fidèle, tendre, consciencieuse et éperdument amoureuse de son maître, qu'elle semble vénérer à chaque moment. Une race vive mais ayant toujours besoin de l'homme. Sa vivacité est très appréciée lorsque le Flat Coated se retrouve dans une famille où des enfants résident puisqu'il adore s'amuser et conçoit la vie comme un éternel jeu. Néanmoins, comme tout bon Retriever qui se respecte, le Flat Coated reste avant tout un chien de travail, même si son naturel doux et

sociable peut le transformer en un bon chien de compagnie.
Il existe, dans l'Aube, une association nommée « Réunion des Passionnés du Flat Coated Retriever (R.P.F.) » dont les coordonnées figurent ci-dessous :

Siège social
R.P.F.
Ferme des Minots
10210 Pargues
Tél. : 03 25 70 45 02
Fax. : 03 25 70 45 01

Secrétariat
Arnaud Thioloy
6, route d'Hancourt
51290 Margerie-Hancourt
Tél. : 03 26 73 01 81
Fax : 03 26 41 30 21

Site internet
http://flatcoated.retriever.-free.fr

En Suisse, la participation de Flat Coated aux différents concours de travail est de plus en plus importante. Le Retriever Club Suisse s'occupe des règlements concernant l'élevage du Flat Coated.
Les Scandinaves ont le grand mérite d'avoir développé, par un excellent élevage, le noyau initial des reproducteurs importés de Grande-Bretagne et d'avoir diffusé également vers le grand public l'image de cette race. Certaines grandes récompenses de sujets spectaculaires sont parvenues à attirer l'attention des cynophiles sur les très bonnes lignées de sang nordique.
En fonction de ces deux « visions » différentes – la britannique, plus conservatrice et dépositaire farouche de la tradition du Flat du début du siècle ; la scandinave, qui vise davantage à promouvoir l'image d'un excellent Flat de travail mais aussi d'une certaine façon plus spectaculaire dans les expositions – on trouve deux techniques différentes de présentation et de toilettage. Les Anglais préfèrent présenter le chien avec un toilettage minimal, comme le prévoit le standard, en égalisant légèrement les franges de l'encolure et de la queue, pour conserver un effet naturel. Le chien est conduit sur le ring en étant tenu en laisse assez longue, ce qui lui permet d'exprimer toute la souplesse naturelle de ses mouvements. Les Scandinaves préfèrent un toilettage plus prononcé et une présentation plus spectaculaire : la gorge et les oreilles sont presque rasées, la queue toilettée à la perfection et le chien est tenu en laisse courte. Deux cultures, deux écoles, mais il ne faut jamais oublier la patrie d'origine de la race, où les amateurs ont su créer et conserver un chien qui garde l'aspect robuste mais élégant de sa véritable nature de chien de chasse, y compris sur le ring.

LE GOLDEN RETRIEVER

par C. Selberg

En ce qui concerne les origines de cette merveilleuse race, la majorité des informations nous vient d'Écosse. Les premières traces remontent à 1852 et ce n'est qu'après des études soigneuses qu'on est parvenu à la théorie définitivement acceptée par le Kennel Club anglais en concernant les différentes origines du Golden.
Précisons tout d'abord que la théorie selon laquelle le Golden serait originaire d'un groupe de chiens de cirque russes est totalement erronée. Il y a plus d'un siècle, on trouvait en Russie des chiens ressemblant aux Golden retrievers qui étaient considérés comme de bons chiens de rapport dans l'eau par Oliver Goldsmith (1847). Quelque temps plus tard, Stonehenge écrivit à propos du « Setter russe » qui ressemblait, d'après les dessins du colonel Hutchinson, à un Setter irlandais à la robe frisée. On trouve des écrits datant de 1880 qui parlent d'une battue de chasse en Russie avec deux types de Setters : l'un marron doré à poil ras, l'autre couleur foie à poil frisé.
En 1919, Allsbrook, propriétaire d'un Golden, admit avoir rencontré, en Sibérie, des chiens semblables au sien.
La thèse de l'origine russe, longtemps discutée parmi les passionnés de la race, fut avalisée jusqu'à ce que les spécialistes parviennent à la conclusion que les Goldens provenaient des Wavy coated retrievers noirs (les actuels Flat Coated).
Cette dernière théorie, appuyée par le Kennel Club, parle des premiers Retrievers blonds ou sable, trouvés à la frontière entre l'Écosse et la Grande-Bretagne, qui existaient au XIXe siècle.
On trouve des informations enregistrées par Lord Chichester à propos de son chien Nous (le premier Retriever sable de Lord Tweedmouth) :

Ch. Mondial et Jeune Kukkola Made My Way. Él. Carina Selberg, propr. Busignani/Selberg, handler Emanuele Venieri

né en 1864, il fut acheté à Brighton. Ce chien, né d'un couple de Wavy coated noirs, fut accouplé à Belle, Tweed-water-spaniel de Lord Tweedmouth. Le couple engendra quatre Retrievers sable, qui donnèrent naissance à la race Golden.

Lord Chichester s'intéressa également à la description du water-dog : je l'ai découvert en effectuant des recherches sur les origines des Retrievers.

J'ai trouvé ensuite la description du water-dog dans un Livre écrit par Richard Lawrence en 1815 : Spaniel très grand, habile à la chasse aux canards, très utilisé à la frontière entre l'Écosse et la Grande-Bretagne.

En effectuant ses recherches sur le Tweedwater-spaniel, Stanley O'Neil découvrit par la suite une présence importante de chiens d'eau à la frontière entre Écosse et Grande-Bretagne et dans le delta du fleuve Tweed.

Lawrence, à son tour, soutint que, pour donner à ces chiens plus de résistance, il fallait les croiser avec le Newfoundland. Il s'agissait de chiens de différentes couleurs, mais les plus habiles étaient les chiens de couleur foie.

Stonehenge soutenait aussi que le Water-spaniel, anglais ou irlandais, possédait les caractéristiques du Tweed et qu'il ressemblait beaucoup au petit Retriever anglais couleur foie. En 1881, Darlziel écrivait sur un Spaniel originaire de la région du fleuve Tweed.

De 1899 à 1906, le père de O'Neil eut l'occasion de visiter, pour son travail, de nombreux ports en Écosse et en Grande-Bretagne. Il raconta qu'il avait vu de nombreux water-dogs à Grimsby et Yarmouth, où on les voyait sur les barques, travaillant avec les pêcheurs. Certains, grâce à des croisements particuliers, donnèrent naissance au Curly Coated Retriever.

Ces chiens étaient capables de rapporter une proie à 200 m dans l'eau et sauvaient les naufragés, comme le Newfoundland.

Au début du XIXe siècle, un oncle de O'Neil avait élevé des Curlys, ces chiens que les pêcheurs appelaient water-dogs et qui ressemblaient aux Newfoundlands. Par la suite, en 1903, le même O'Neil avait pu observer des pêcheurs disposer des filets pour le saumon avec l'aide de chiens au poil ondulé, d'une couleur marron doré, appelés Tweed-spaniel. Ces chiens ressemblaient aux Retrievers et venaient de Berwick. Ils étaient également très proches des Tweedwater-spaniel de la côte. La couleur dominante était le marron doré.

Pour en revenir à la première portée de Belle et Nous (mi-Wavy coated, mi-Tweedwater-spaniel), Crocus, le seul mâle, fut offert au fils de Lord Tweedmouth et les femelles allèrent à Lord Tweedmouth lui-même (Cowslip et Primrose) et à son neveu (Ada). Celui-ci, grâce à cette femelle, donna naissance à une lignée dans laquelle les croisements avec des chiens noirs étaient fréquents. Un mâle noir et une femelle sable donnaient des chiots sable. Dans le cas contraire, la portée comprenait une moitié d'individus noirs et une moitié sable. Dans un livre sur les origines de cette lignée, Lady Pentland, nièce de Lord Tweedmouth, fit figurer tous les accouplements effectués par la suite. On peut y observer que, pendant quatre générations, on utilisa des chiens Tweed et Cowslip. Par la suite, Lord Tweedmouth décida d'y ajouter de nouveaux chiens, en insérant des Wavy Coated Retrievers. Les chiots noirs furent à leur tour croisés avec la lignée d'origine. Une femelle accouplée à Nous II donna naissance aux deux derniers chiens sable enregistrés dans le livre (1894).

Une autre publication parle des lignées élevées par Lord Ilchester.

À l'époque, les chasseurs étaient plus intéressés à fixer les capacités de chasseur que les caractéristiques morphologiques, et on parle en effet de Flats ou de Wavy Coated croisés avec des Setters irlandais ou des Bloodhound. Dans l'élevage de Lord Ilchester, Guisachan, on trouvait des chiens de grande taille au poil sombre, pas très beaux et très agressifs. Il ne laissa pas de traces sur ses lignées de sang et, à la vente de Guisachan, aucun chien ne fut plus enregistré à partir de 1905. Au Kennel Club, on trouve la trace d'un Retriever couleur foie appartenant à Lord Tweedmouth senior, enregistré sous le nom de Sultan, qui engendra des chiots avec Moscow.

Peut-être que ce nom est lié à la Russie mais, même si cela indiquait une relation avec les chiens russes, une origine commune ne peut pas être démontrée.

Il existe malheureusement trop de lacunes dans les pedigrees enregistrés au départ. On trouve cependant une lettre de Lady Pentland qui dit que le vicomte de Harcourt avait trouvé comme base à ses lignées une portée de Lady (probablement fille de Primrose, les derniers chiens enregistrés par Lord Tweedmouth). Ces chiens, élevés à Guisachan, avaient tous Nous, un Tweed-water-spaniel, dans leur lignée. Cette lettre témoigne des origines de l'élevage de Lord Tweedmouth.

Palmer Douglas, à son tour, dans ses notes rédigées de 1900 à 1925, donne des informations sur ces accouplements.

C'est ainsi que l'on apprend que, en 1920, les célèbres chiens Culham Brass et Culham Copper étaient à 99 % liés aux Goldens. Lady aurait été la première, mais beaucoup d'autres chiens élevés à Guisachan étaient à l'origine des quatre premiers accouplements.

Il est intéressant de remarquer que, jusqu'en 1913, les Goldens étaient enregistrés en tant que Flat Coated jaunes.

Dans une série de photos et de dessins, on voit à quel point les premiers chiens (Nous, Crocus, Ada et Cowslip) ressemblaient aux Goldens actuels. Les tableaux de Richard Ansdelm nous montrent un Golden très grand et clair, type Newfoundland, au dos incliné.

Dans mon élevage et dans celui de Argyllshire, des reproducteurs primés ont également donné naissance à des sujets très grands.

À ce stade, il faut rappeler que les races retrievers étaient, au départ, sujettes à de nombreux croisements. En 1870, beaucoup de chiens aux origines des Wavy Coated étaient appelés Newfoundland. La division entre grand Newfoundland et Saint John Newfoundland nous aide en ce qui concerne l'origine du Labrador, qui était décrit comme un petit chien, robuste, à poil ras, excellent chasseur. Nous savons que ces deux types de chiens furent importés par des pionniers, convaincus de pouvoir améliorer la race.

Il faut également tenir compte de ces grands chiens semblables aux Labradors, à poil clair, originaires de Carradale. Ces chiens provenaient de Sam, apparenté aux Labradors noirs du comte Bucleuch, dont les portées étaient jaunes, à l'exception d'une unique fe-

Chiots Golden de l'élevage Kukkola

melle noire. Et il faut également rappeler, comme l'affirme également Richard Lawrence en 1815, que les Water-dogs étaient croisés avec les Newfoundlands.

LE GOLDEN EN FRANCE
par Bruno Facq

Docteur en Pharmacie, Vice-Président du Retriever Club de France et Président de la commission d'élevage Golden Retriever, juge International pour tous les Retrievers et juge anglais (liste B) pour les Goldens Retrievers

En France les premiers Retrievers apparus ont été ces Labradors en 1896 appartenant à M. Le Comte de Bagneux.

Les Goldens, quant à eux, firent leur apparition bien plus tard. Les premiers inscrits au LOF ont été Carina le 12 décembre 1929, et Stella d'Oro le 30 mai 1930. Ces deux chiennes appartenaient à M. Le Comte Jean de Bonvouloir.

En 1926, à l'exposition Canine de Paris, le premier Golden Retriever fut exposé. Il se prénommait Duke et appartenait à M. Wertheimer.

À la 58e exposition de Paris de 1932, on recense 3 Goldens dont le Champion du Comte de Bonvouloir, Yellow Boy de Saint-Jean du Bois. Les autres concurrents étaient Anningsley Candidate du Vicomte de Quénetain et Noramby Jeanmina appartenant à la Vicomtesse de Quénetain.

En 1936, à l'exposition de Championnat de France, de nouveaux chiens sont exposés : Hélios de Saint-Cyran, Speedwell Barley, Gollywog de Saint-Cyran, Icare de Saint-cyran (appartenant à Mme la Vicomtesse de Quénetain) ; I'Golden Rule d'Oursières (appartenant à Mr P. Droz) et Ibis d'Oursières à M. le Comte de Bonvouloir.

Entre mai et août 1932 Mme la Vicomtesse de Quénetain inscrira 22 chiots au LOF.

Les pionniers et premiers principaux éleveurs de la Race

Ch. It. et du Club de la race Lawnwoods Wisteria, premier Golden à s'être adjugé un « regroupement de race » dans une exposition internationale (Florence, 1991), sur un fond hivernal. Élevage Satterhwaite, propr. élevage Chiaroscuro

Golden Retrievers en France ont été sans conteste Mesdames la Vicomtesse de Quénetain et la Comtesse d'Orglandes ainsi que Messieurs A.M. Wertheimer et le Comte J. de Bonvouloir.

Les trois premiers Retrievers (toutes races confondues) ayant obtenu le titre de Champion International ont été trois Golden Retrievers : Boulon d'or, Yellow-Boy de saint-Jean-du-Bois et Ibis d'oursières.

Depuis, maintenant 10 ans, le Golden connaît un véritable engouement de popularité qui le positionne en 3e race la plus demandée à la SCC.

Ce phénomène peut être préjudiciable à la race. Déjà nous pouvons voir des Goldens trop timides et même avec des caractères ne correspondant plus à celui responsable de son succès.

C'est pourquoi le Retriever Club de France vous conseille avant d'adopter un Golden de prendre contact avec les délégués du club. Ils vous guideront vers les élevages qui savent garder les caractéristiques qui ont fait le succès de cette merveilleuse race.

Le Golden Retriever est une race qui a été introduite en France en 1925 par le comte Jean de Bonvouloir, passionné de Retrievers et d'ailleurs auteur d'un livre sur ces chiens. Il présente cette race à la 51e Exposition canine de Paris.

En 1929, le comte inscrit ses premiers sujets, Stella d'Oro et Carina au Livre des origines français (LOF).

En 1934, naît la première portée de Golden Retrievers enregistrée en France. Iago de Saint-Jean du Bois, qui appartient au comte de Bonvouloir, est inscrit au LOF ; il sera champion.

LE CHESAPEAKE BAY, LE CURLY COATED ET LE NOVA SCOTIA DUCK TOLLING

Le Chesapeake Bay Retriever descend de chiens des côtes américaines ; croisé à d'autres races et arrivé en Grande-Bretagne au début du XIXe siècle, il possédait déjà des caractéristiques bien fixées dès 1885. Très apprécié pour sa puissance et sa force de travail dans les eaux gelées de la Chesapeake bay (Maryland), qui lui donna son nom, il fut également loué pour ces grandes qualités par les Anglais. Ce chien a maintenu intactes ses caractéristiques physiques et psychologiques de travailleur infatigable.

Pour le Curly Coated, les origines doivent être recherchées dans les croisements entre Irish Water Spaniels, Caniches et Labradors. Les spécialistes pensent qu'un type ancien de Water-dog a été l'ancêtre du Caniche et, quoi qu'il en soit, la robe caractéristique de l'Irish Water Spaniel et des Caniches (anciennement utilisés pour la chasse) démontre clairement que le Curly possède du sang provenant de ces chiens, associé à celui des Retrievers. Même si le Curly était déjà très apprécié avant que les Wavy (flat) Coated deviennent populaires à la chasse, sa popularité est allée en diminuant lentement, et il est aujourd'hui assez rare sur les rings d'exposition étrangers et dans les field trials. Il est cependant encore élevé en Grande-Bretagne, où les passionnés tentent de conserver ses caractéristiques physiques et psychologiques.

En ce qui concerne le Duck Tolling Retriever (appelé également Toller), les experts pensent qu'il descend probablement des Wavy (flat) marron accouplés à des Labradors, puis croisés avec des Spaniels. Ces chiens ont été sélectionnés pendant des années au Canada par un petit groupe d'éleveurs attentifs et ce n'est qu'en 1981 que le premier sujet est apparu en Europe.

LA MORPHOLOGIE

PAR LE PROFESSEUR L. GUIDOBONO CAVALCHINI*

Une première analyse superficielle du chien peut être effectuée pour repérer les points et plans de référence de son organisme qui permettent, par la suite, de définir de façon adéquate, et sans prêter à confusion, des zones spécifiques ou des organes.
Chez un animal, on distingue au moins trois plans qui divisent chacun le chien en deux parties. Nous avons le plan sagittal médian, qui sépare verticalement le corps du chien en deux parties, scindant le côté gauche du droit ; le plan transversal médian, qui délimite la zone antérieure (vers la tête) et la zone postérieure (vers la queue) ; enfin, le plan horizontal médian, perpendiculaire au plan sagittal médian, qui sépare la région dorsale le long de la colonne vertébrale de la région ventrale placée dessous. En nous référant ensuite à un point imaginaire placé quasiment au centre du thorax de l'animal, nous avons des zones situées à des distances variées de celui-ci qui sont ap-

* Professeur titulaire à la Faculté de Médecine Vétérinaire de Milan, juge ENCI (équivalent italien de la SCC) et éleveur.

Même chez les femelles, l'expression douce du regard contraste de manière évidente avec le beau thorax ouvert et les jambes droites et fortes

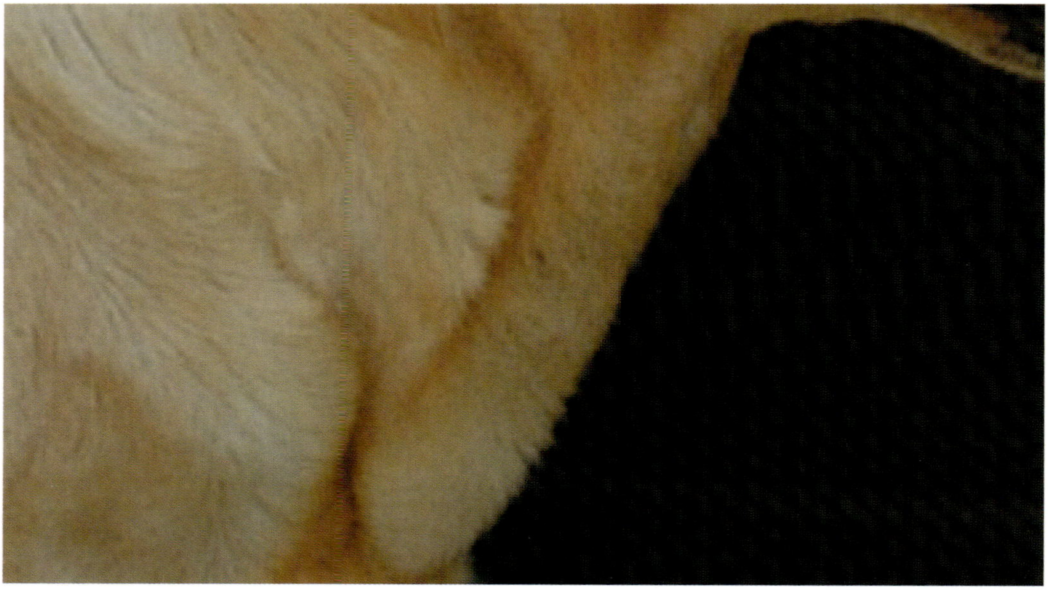

pelées proximales si elles sont voisines du point indiqué, et distales si elles en sont éloignées.
Ainsi, par exemple, dans le membre antérieur, on considérera l'omoplate comme proximale et les doigts et leur pulpe comme distaux.
De cette manière, on a mis au point une sorte de carte de référence du corps animal, où il est plus facile de s'orienter et, surtout, de bien considérer l'objet auquel se rapportent les observations et les commentaires exprimés dans le langage des spécialistes. On peut considérer le corps animal formé d'innombrables unités structurelles (les cellules) organisées en systèmes toujours plus complexes (tissus, organes) jusqu'à constituer des appareils qui, dans leur ensemble, composent l'organisme du chien. Bien qu'ayant une fonction spécifique, chaque appareil est étroitement lié aux autres et n'est pas en mesure, à lui seul, de tenir en vie l'animal.
Chaque appareil a sa propre dénomination : appareils squelettique, musculaire, circulatoire, digestif, urogénital et nerveux (incluant les organes des sens), auxquels il convient d'ajouter le système endocrinien. Le bon fonctionnement d'un organisme, et donc le bon état de santé, résulte de l'équilibre entre les divers appareils.

L'APPAREIL MUSCULO-SQUELETTIQUE

Le corps se positionne et évolue dans l'espace surtout grâce à la coopération de deux appareils : celui du squelette qui fournit la structure portante et les leviers, et celui des muscles qui imprime la force motrice nécessaire.
L'ensemble des os forme le squelette qui, *grosso modo*, reflète la forme et les dimensions propres au chien. Sur le schéma de la page ci-contre a été reporté le squelette type du chien, avec la dénomination de ses os.
La variabilité de la forme de la tête est un des aspects qui frappe le plus l'observateur ; celle-ci varie en fait sensiblement d'une race à l'autre, et en constitue une des caractéristiques.
La tête est formée de nombreux os, parmi lesquels nous rappellerons certains formant le crâne : l'os occipital, avec sa crête homonyme ; l'os frontal avec les cavités frontales, le pariétal et le temporal, avec le procès zygomatique ; l'os zygomatique dont l'arcade détermine le point de plus grande largeur du crâne du chien. Depuis le crâne, qui protège le cerveau (encéphale) et des organes sensoriels, part la colonne vertébrale qui est, chez le chien, constituée de :

- 7 vertèbres cervicales ;
- 13 vertèbres dorsales ou thoraciques ;
- 7 vertèbres lombaires ;
- 3 vertèbres sacrées ;
- 20-22 vertèbres caudales.

Dans la colonne vertébrale, se situe la moelle épinière, d'où se répartissent de nombreux faisceaux nerveux qui se distribuent dans tout le corps en transportant les impulsions depuis la périphérie vers le cerveau (fibres sensitives) et *vice versa* (fibres motrices). Des vertèbres dorsales partent les côtes qui se rejoignent dans la partie ventrale au niveau du sternum ; la cage thoracique ainsi constituée protège de façon élastique des organes d'une extrême importance, à savoir le cœur et les poumons.

Plus la possibilité d'expansion de la cage thoracique est grande, et plus sont élevées la capacité respiratoire de l'animal et l'expansion pulmonaire. Un bon thorax doit avoir les côtes bien inclinées de la partie antérieure à la partie postérieure et espacées à bonne distance ; il doit être développé en longueur ou profondeur (diamètre sagittal), en largeur (diamètre transversal) et en hauteur.

En progressant vers la queue, nous trouvons les viscères abdominaux (foie, estomac, intestin, etc.) suspendus à la colonne vertébrale grâce à des ligaments et des muscles. Encore plus en arrière, on rencontre le bassin qui, avec l'os sacré et l'os pubien, forme la ceinture pelvienne. Celle-ci représente un très important point de force entre les membres postérieurs qui impriment leur poussée mécanique au chien et la colonne verébrale qui transmet le mouvement à l'ensemble du corps. Les pattes représentent donc un aspect crucial de la mécanique animale : en effet, grâce à leur conformation et à leurs nombreuses articulations, qui permettent la flexion et l'extension de chaque partie, elles donnent au chien toute sa mobilité.

Les os sont durs, mais disposent d'une certaine élasticité : on distingue les os plats (par exemple

Appareil squelettique

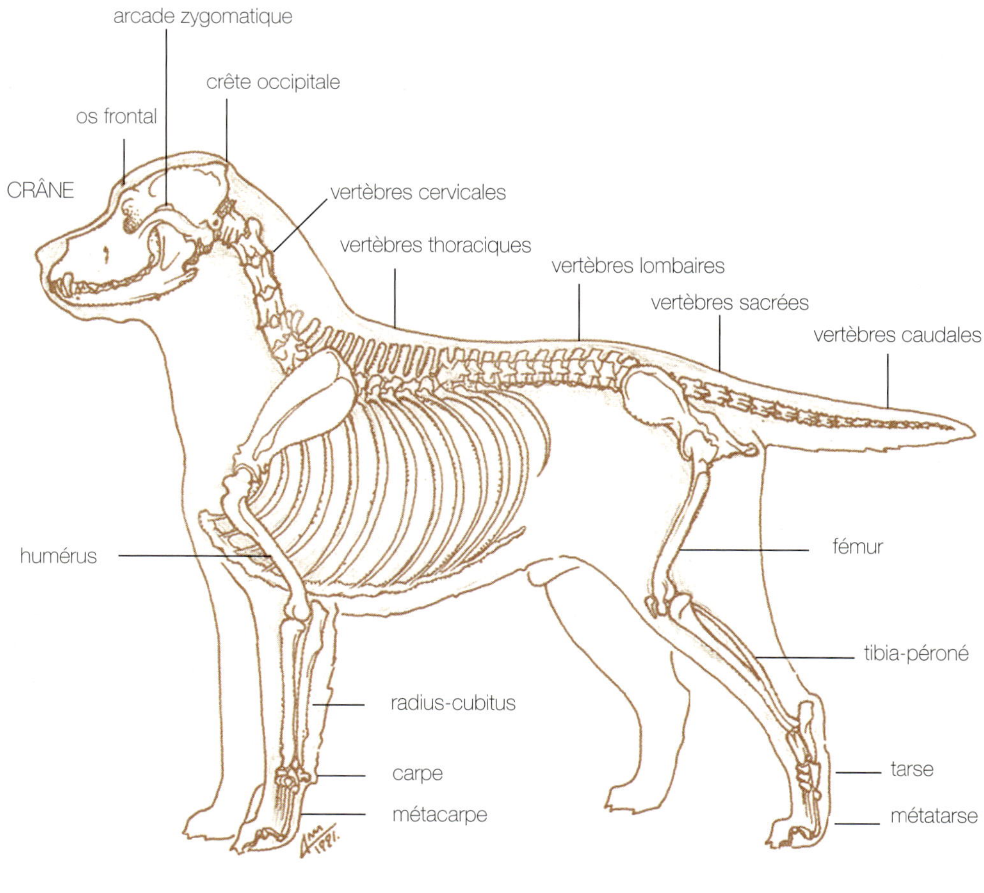

RÉGIONS DU CORPS

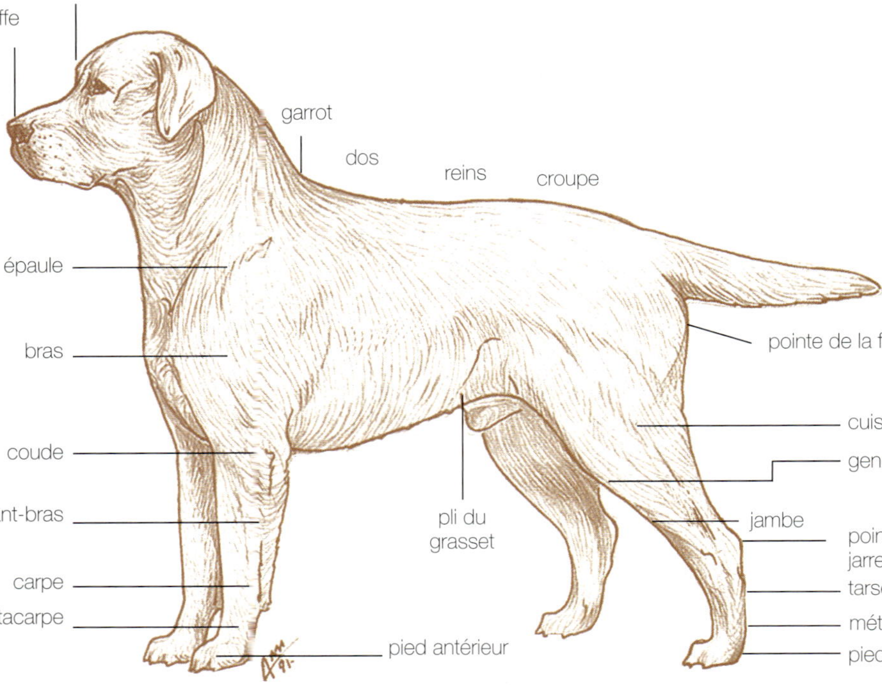

l'os occipital), les os courts (vertèbres) et les os longs (le fémur) ; dans ces derniers, se trouve la moelle osseuse, responsable de la production des globules rouges.

Le chien, comparé à d'autres animaux, a une croissance rapide ; cependant, au premier âge, le processus d'ossification est assez lent et c'est pourquoi on peut observer chez les individus qui croissent trop rapidement une déficience de minéralisation des os, ce qui leur vaut de ne pas être suffisamment résistants à la charge et de mal supporter le poids de leur corps et les contraintes mécaniques. On peut ensuite relever des déformations des pattes et des aplombs non corrects plus ou moins évidents. Aussi bien le tissu osseux que les cartilages des articulations ont un renouvellement continuel qui diminue avec l'âge de l'animal. Les articulations se ressentent particulièrement des phénomènes du vieillissement.

Schématiquement parlant, toutes les articulations ont deux faces articulaires, avec une cavité délimitée par une capsule (capsule synoviale) ; plusieurs ligaments maintiennent en position les deux os et en limitent opportunément les mouvements réciproques. De même que les os peuvent être sujets à des fractures, les articulations sont sujettes à des processus inflammatoires de nature variée qui en réduisent la mobilité et produisent des douleurs gênantes.

L'appareil musculaire est étroitement lié à l'appareil squelettique ; il s'agit de l'ensemble des muscles qui agissent sur un levier osseux ou sur une partie de la peau. Ceux-ci impriment à travers les tendons (structures extrêmement résistantes) des forces d'intensité déterminée, entraînant flexions et extensions, ou des contractions réversibles coordonnées en principe par le système nerveux central. Les muscles longs agissent en général autour d'un pivot (articulation) en provoquant le mouvement des os qui peut être comparé à celui des segments articulés d'un appareil de levage. Par ailleurs, les muscles ouvrent ou ferment des orifices (muscles circulaires) ; on appelle certains d'entre eux sphincters. Les muscles sont disposés selon plusieurs niveaux, superficiels ou profonds, et peuvent être plats (comme les muscles de la peau) ou bien épais et en forme de fuseau (comme les muscles des membres).

LES ORGANES DES SENS

Les organes sensoriels ont pour fonction de percevoir aussi bien les stimuli provenant du milieu extérieur, comme la température d'une pièce ou sa luminosité, que les messages provenant des organes et des structures internes de l'organisme. Ces stimuli sont ensuite envoyés vers le cerveau où ils provoqueront une réponse dont la fonction est généralement de sauvegarder la vie de l'animal (réaction de fuite, d'agression, etc.).

Il existe ainsi des systèmes pour la perception tactile, la perception de la pression, de la température et de la douleur, appelés propriocepteurs. D'autres structures, liées aux muscles et aux tendons, permettent à l'animal, en coopération avec l'organe de l'équilibre, de sentir sa position dans l'espace et les mouvements de son corps.

La muqueuse olfactive apparaît un peu plus complexe : ses cellules spécialisées sont organisées en tissus dans la partie profonde des fosses nasales. Cette muqueuse est très développée chez le chien, capable de sentir des odeurs à grande distance et qui possède une capacité olfactive plusieurs fois supérieure à celle de l'homme, grâce aussi à la forme des conduits nasaux et des plis internes (qui permettent à l'air d'arriver rapidement au tissu sensible). La plus grande capacité olfactive du chien ne semble pas due à des cellules plus spécialisées mais à leur plus grande présence numérique dans le tissu, de sorte que l'animal est capable aussi bien de percevoir de petites quantités d'une substance que de distinguer une odeur au milieu de beaucoup d'autres, par exemple lorsqu'il suit une piste. La température,

Étude de tête de Poolstead Preeminence. Propr. élevage Torre Palazzone

l'humidité, le vent, les autres odeurs et même la race influencent cependant l'excitabilité des sens, et donc les capacités olfactives de l'animal. Un autre système de perception est plutôt développé chez le chien : l'ouïe. L'organe auditif, l'oreille, comprend aussi dans sa partie interne le système des canaux semi-circulaires responsables de l'équilibre de l'animal. Ses structures telles que le tympan ou les osselets (marteau, enclume, étrier) sont particulièrement sensibles et délicates : fréquemment, il apparaît chez le chien des formes inflammatoires (otites) qui, outre le fait qu'elles sont cause de douleur, amoindrissent sa sensibilité. Entre l'homme et le chien, la différence la plus grande tient à la différence de perception du son, non quant à son intensité, mais quant à sa fréquence : en effet, en dessous d'une fréquence de 250 pulsations par seconde (250 Hertz), homme et chien ont plus ou moins une sensibilité égale ; tandis que pour des fréquences plus élevées, l'homme n'est plus capable de percevoir les sons que perçoit le chien. Pour cette raison, en utilisant la limite de perception et réponse à un signal (située dans une fourchette de 15 000 à 26 000 Hertz), on fabrique des sifflets à ultrasons pour le rappel de l'animal. Beaucoup de chiens montrent une capacité à percevoir et reconnaître les bruits d'une automobile ou du pas d'une personne, même s'il est difficile de savoir à quel son spécifique ils répondent. De la même façon, il est complexe de déterminer si le chien exécute un ordre oral dans la mesure où il entend un son et le reconnaît, ou si la stimulation sensorielle se compose tout autant du son que de la mimique faciale de son maître.

Autre organe sensoriel, important et extrêmement délicat : l'œil. Celui-ci se trouve en position presque frontale et permet au chien un angle de vision supérieur à celui de

l'homme. Chez le chien, la vue n'est pas particulièrement développée : l'animal perçoit comme l'homme les variations de lumière, mais n'est pas capable de distinguer aussi bien les formes.

Ce relatif handicap s'atténue lorsque l'objet perçu et le chien lui-même sont en mouvement. Il arrive souvent de pouvoir ob-server un chien qui, énervé par un insecte même tout petit, tente de l'attraper justement quand celui-ci bouge, par exemple autour de sa tête. Avec l'âge, la vision s'amoindrit, et diverses anomalies, dont beaucoup sont héréditaires, peuvent se manifester.

LES DENTS ET L'ÂGE DU CHIEN

Dans leur ensemble, les dents forment deux arcades : une supérieure dite maxillaire, et une inférieure dite mandibulaire. La fermeture des mâchoires, lorsque les incisives supérieures chevauchent par devant les inférieures, est dite « en ciseaux », tandis que, lorsque les deux arcades dentaires se superposent parfaitement, on la qualifie de fermeture « en tenailles ».

Les défauts sont la présence d'endognathisme (quand la mandibule est plus courte que le maxillaire supérieur) ou de prognathisme (quand, au

TYPES DE FERMETURE

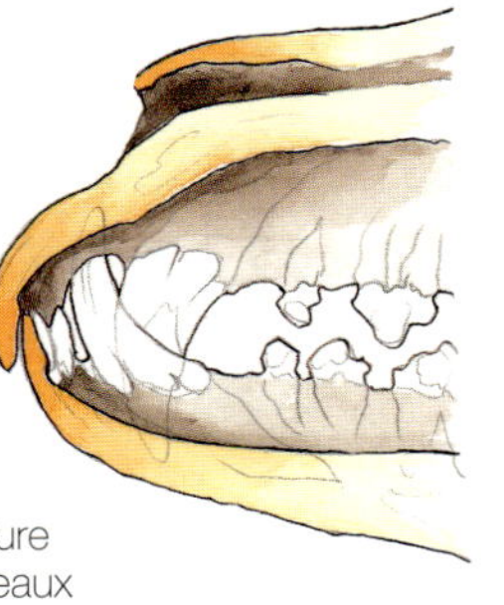

fermeture en ciseaux

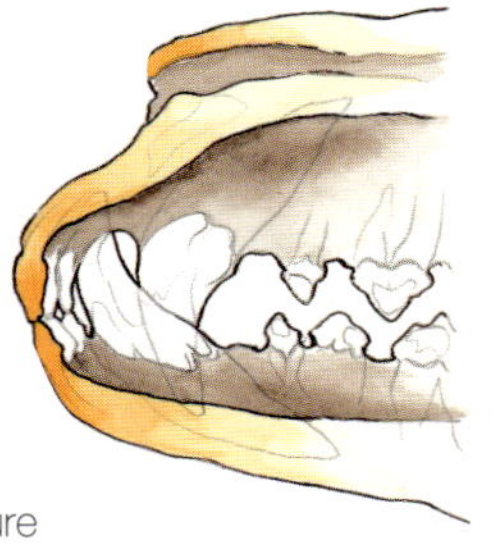

fermeture en tenailles

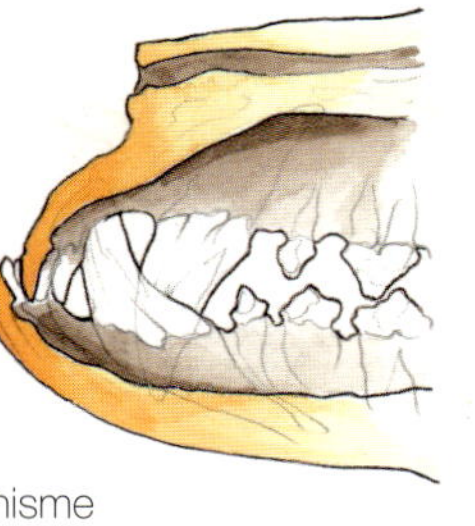

prognathisme

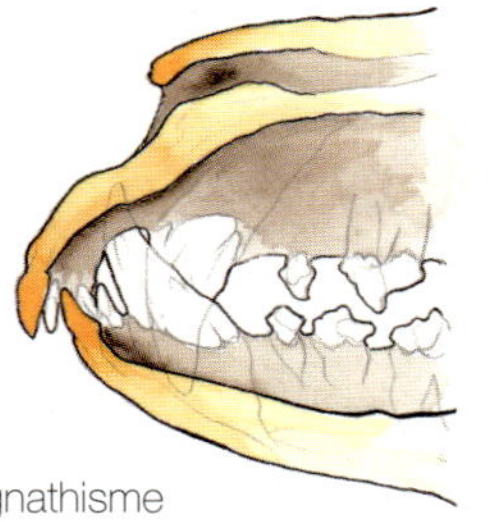

endognathisme

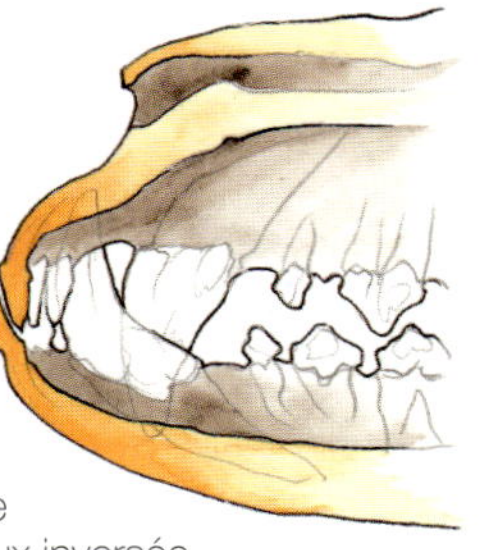

fermeture en ciseaux inversée

Détermination de l'âge du chiot par l'examen des dents de lait

Dents	*Éruption*	*Substitution*
Pinces	30 jours	4 mois
Mitoyennes	28 jours	4 mois et demi
Coins	25 jours	5 mois
Canines	21 jours	5 mois
Première prémolaire	4 mois	Persistante
Seconde prémolaire	4-5 semaines	6 mois
Troisième prémolaire	3-4 semaines	6 mois
Première molaire	4 mois	
Seconde molaire – supérieure – inférieure	 5-6 mois 4 mois et demi-5mois	
Troisième molaire inférieure	6-7 mois	

Détermination de l'âge de l'adulte selon les caractéristiques de la dentition

Âge	*Dentition*
5 mois	Toutes les incisives permanentes sont apparues ; les coins sont encore occlusifs
5-6 mois	Apparition des canines permanentes
1 an et demi	Le lobe principal des pinces mandibulaires est nivelé
2 ans et demi	Le lobe principal des mitoyennes mandibulaires est nivelé
3 ans et demi	Le lobe principal des pinces maxillaires est nivelé. Le plan d'usure des pinces et des mitoyennes mandibulaires est carré
4 ans et demi	Le lobe principal des mitoyennes maxillaires est nivelé
5 ans et demi	Le coin mandibulaire est nivelé. Il peut apparaître sur le plan d'usure des pinces et des mitoyennes mandibulaires une étoile jaunâtre ; les canines sont émoussées
6 ans	Le lobe principal des coins maxillaires est presque nivelé et les canines mandibulaires portent la marque des coins maxillaires
7 ans	Le plan d'usure des pinces mandibulaires devient elliptique avec un grand axe sagittal
8 ans	Le plan d'usure des pinces mandibulaires s'élargit dans la partie labiale et s'incline vers l'extérieur
9 ans	Le plan d'usure des mitoyennes mandibulaires devient elliptique
10 ans	Le plan d'usure des pinces maxillaires devient elliptique
10-11 ans	Chute des pinces mandibulaires, puis maxillaires
12-16 ans	Chute des autres incisives
16-20 ans	Chute des canines

contraire, le maxillaire est plus court que la mandibule). Le prognathisme est une caractéristique typologique de certaines races, tandis que l'endognathisme est un défaut dans tous les cas. Le nombre de dents est normalement le même pour toutes les races, avec quelques exceptions concernant le nombre de prémolaires. La dent est formée de trois substances fondamentales : l'ivoire (ou dentine), l'émail et le cément qui représentent la partie dure ; à l'intérieur, il y a au contraire les parties molles, comme la pulpe des racines, la gencive qui la recouvre et le périoste. La partie externe de la dent, appelée couronne, est exposée aux phénomènes d'usure, plus manifestes sur le collet quand s'y trouvent de forts dépôts de tartre ; la partie interne est, quant à elle, appelée la racine, qui est unique pour certaines dents (par exemple les incisives et les canines), double pour d'autres (prémolaires et molaires) voire triple (molaires 1 et 2 de l'arcade supérieure). Cette particularité en rend l'extraction assez difficile, parfois nécessaire pour des cas d'infection grave. Le chien présente deux types de dentition : une dentition décidue dite « de lait » et une dentition permanente, celle du chien adulte. Le nombre des dents de lait du chiot est 28, alors qu'il y en a 42 chez l'adulte, ainsi que l'illustre la formule reportée sur cette page. Sur la définition de ces formules dentaires, tous les spécialistes sont d'accord, même si les prémolaires peuvent parfois être définies différemment.

Il est possible, grâce à l'analyse de l'usure de la dent, d'estimer avec une certaine approximation l'âge de l'animal. En particulier, on observe le bord des incisives, qui a une forme dite « en fleur de lys » et s'use avec l'âge (nivellement).

Naturellement, il est nécessaire de tenir compte de la vie de l'individu, de son alimentation et d'éventuelles maladies qui peuvent avoir fragilisé l'émail de la dent. Une alimentation composée uniquement de nourritures molles et humides use moins la couronne, tout en favorisant cependant un plus grand dépôt de tartre ; à l'inverse, les aliments secs usent notablement la dent.

De même, une activité de jeu avec des cailloux ou d'autres objets durs peut engendrer une usure anormale de toutes les dents ; tandis qu'une maladie de Carré, contractée par le chiot, puis soignée, par exemple à l'aide de traitements antibiotiques à base de tétracycline, aura irrémédiablement dégradé l'émail qui apparaîtra, même pour les dents permanentes, jaune opaque.

Dans tous les cas, il est sûrement utile de rappeler que le chien a une dentition de lait qui est remplacée avant les six mois et qu'elle permet d'établir l'âge de l'animal en tenant compte de la succession des étapes : éruption dentaire, usure et substitution par la dentition définitive.

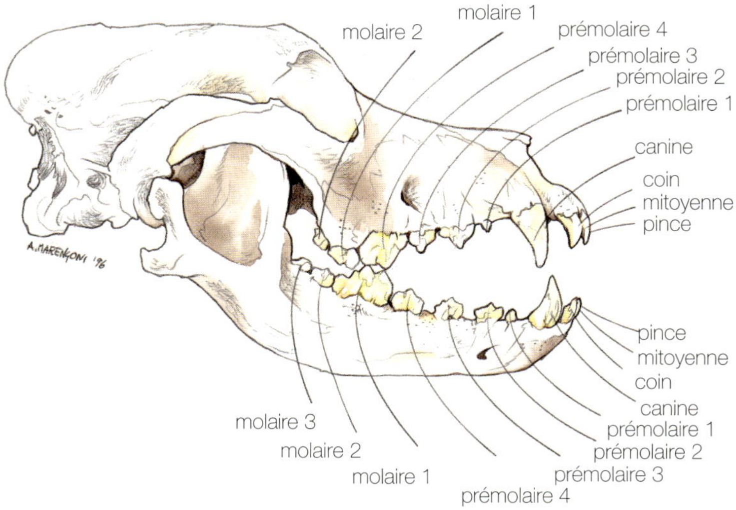

Dentition de lait
Supérieure : i 3+3 ; ca 1+1 ; pm 3+3
Inférieure : i 3+3 ; ca 1+1 ; pm 3+3
total : 28

Dentition permanente
Supérieure : i 3+3 ; ca 1+1 ; pm 4+4 ; m 2+2
Inférieure : i 3+3 ; ca 1+1 ; pm 4+4 ; m 3+3
total : 42

STANDARD DU LABRADOR

Standard FCI N°122 / 29.01.1999 / F
Retriever du Labrador (Labrador Retriever)
Traduction : Prof. R. Triquet.
Origine : Grande-Bretagne.
Date de publication du standard d'origine en vigueur : 24.06.1987.
Utilisation : Chien rapporteur de gibier.
Classification FCI : Groupe 8 - Chiens rapporteurs de gibier, chiens leveurs de gibier, chiens d'eau. Section 1 - Chiens rapporteurs de gibier. Avec épreuve de travail.

Sh. Ch. Poolstead Pumpkin, meilleur reproducteur Labrador 2000 en Grande-Bretagne

ASPECT GÉNÉRAL

Fortement charpenté, au rein court, très actif. Le crâne est large. La poitrine est bien descendue et les côtes bien développées ; le rein et l'arrière-main sont larges et puissants.

COMPORTEMENT/CARACTÈRE

Bon caractère, très agile. Nez excellent ; dent douce, passion pour l'eau.
Compagnon fidèle, capable de s'adapter partout. Intelligent, ardent et docile, il ne demande qu'à faire plaisir. Naturel amical, sans aucune trace d'agressivité ; il ne doit pas non plus se montrer craintif à l'excès.

INTERPRÉTATION DU STANDARD

Poolstead Part and Parcel. Propr. Sergio Sgorbati

TÊTE ET CRÂNE

Crâne large, bien dessiné sans joues épaisses (viandeuses). Mâchoires de longueur moyenne. Stop marqué.
Truffe large, narines bien développées. Museau puissant ; il n'est pas en sifflet.

YEUX

De dimensions moyennes, exprimant l'intelligence et le bon caractère. De couleur marron ou noisette.

OREILLES

Ni grandes ni lourdes, les oreilles tombent contre la tê-

La queue peut être portée joyeusement, mais jamais enroulée sur le dos

te et sont attachées plutôt en arrière.

BOUCHE

Mâchoires et dents fortes et présentant un articulé en ciseaux parfait, régulier et complet, c'est-à-dire que les incisives supérieures recouvrent les inférieures dans un contact étroit et sont implantées bien d'équerre par rapport aux mâchoires.

COU

Net, puissant et solide, s'insérant dans les épaules bien placées.

AVANT-MAIN

Épaules longues et obliques. Les antérieurs ont une bonne ossature et sont droits du coude au sol, qu'ils soient vus de face ou de profil.

CORPS

La ligne du dessus du dos est horizontale. La poitrine est bien large et bien descendue avec des côtes en plein cintre. Le rein est large, court et fort.

ARRIÈRE-MAIN

Bien développée, la croupe ne descend pas vers la queue. Grasset bien angulé. Jarret bien descendu.
Les jarrets de vache sont à proscrire.

PIEDS

Ronds, compacts ; doigts bien cambrés et coussinets bien développés.

QUEUE

Trait distinctif de la race : très épaisse à la naissance s'effilant progressivement vers l'extrémité, de longueur moyenne, dépourvue de frange, mais recouverte complètement d'un poil court, épais,

Fairfield Hot Chocolate Lady : un très beau marron uniforme, sans nuances jaunes. Propr. Ruggiero

dense qui donne une apparence de rondeur décrite sous le nom de «queue de loutre ». Elle peut être portée gaiement, mais elle ne doit pas se recourber sur le dos.

ALLURES ET MOUVEMENT

Allures dégagées, couvrant bien du terrain.
Les membres antérieurs et postérieurs se déplacent dans des plans parallèles à l'axe du corps.

POIL

Le poil est un trait distinctif du Labrador. Il est court et dense, sans ondulations ni franges ; il donne au toucher l'impression d'être passablement rêche ; le sous-poil est résistant aux intempéries.

COULEUR

Entièrement noir, jaune ou marron (foie/chocolat). Le jaune va du crème clair au roux (du renard). Une petite tache blanche est admise sur le poitrail.

TAILLE

Hauteur au garrot idéale :
– de 56 à 57 cm chez le mâle ;
– de 54 à 56 cm chez la femelle.

DÉFAUTS

Tout écart par rapport à ce qui précède doit être considéré comme un défaut qui sera pénalisé en fonction de sa gravité.

N.B. : les mâles doivent avoir deux testicules d'aspect normal complètement descendus dans le scrotum.

COMMENTAIRE AU STANDARD DU LABRADOR

Lorsqu'on veut définir le standard d'un chien, on tente de décrire l'apparence d'un sujet idéal, en se référant tout particulièrement aux caractéristiques qui distinguent une race des autres. Pendant le développement du Labrador en Grande-Bretagne, des gens ont apprécié l'importance des différentes caractéristiques, tant psychiques que physiques, et ont défini un standard qui sert de guide aux éleveurs. Ils ont apporté ainsi une grande contribution à la sauvegarde de la morphologie de la race elle-même. Ceux qui ont décrit le standard d'origine n'avaient probablement pas de sujet particulier auquel se référer pour établir leurs critères, ni de sujet idéal sur lequel considérer les caractéristiques importantes et prédominantes du Labrador ; en effet, il n'y a pas et il n'y aura jamais de Labrador parfait. Ce n'est qu'à travers une comparaison constante entre plusieurs sujets que l'on peut se faire une idée de ce que pourrait être un Labrador optimal.

Le Labrador est né en tant que chien de chasse (appelé *gundog* en Grande-Bretagne, c'est-à-dire « chien de fusil ») ; il faut donc prendre en compte cette caractéristique lorsqu'on évalue son physique ainsi que ses qualités psychiques.

Les chiens de rapport doivent pouvoir travailler tous les jours dans toutes les conditions météorologiques, sur terre ou dans l'eau, en cherchant et en rapportant toutes les proies touchées. Leur poil doit empêcher le froid d'atteindre leur peau et leur caractère doit les pousser à insister dans leur travail jusqu'à ce qu'ils parviennent à retrouver l'animal abattu.

Le Labrador est particulière-

Labrador vu du dessus

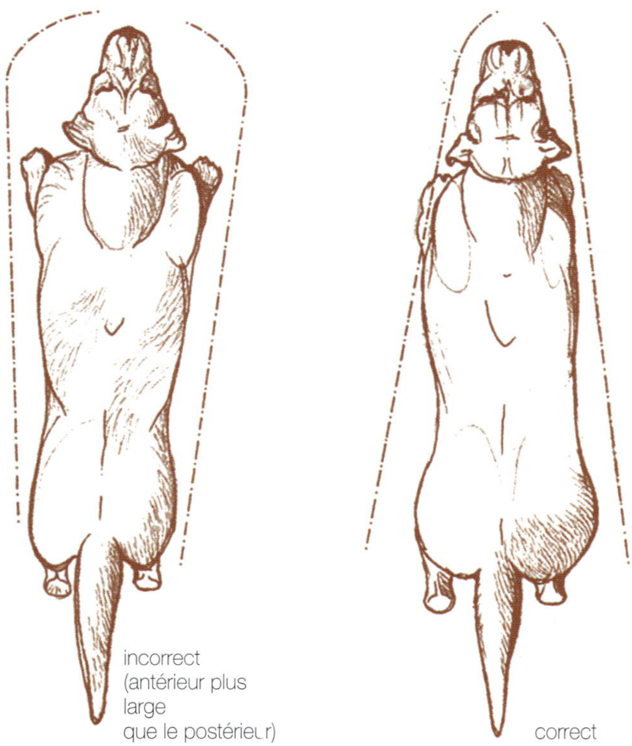

ment indiqué pour le rapport des canards et des oies, qui demande le développement d'un corps fort, au cou robuste. Les premiers à avoir découvert ces qualités furent les pêcheurs des régions du Canada et de l'Amérique du Nord, qui apprécièrent en particulier leur capacité à supporter le froid et leur habileté à se déplacer sur la glace et la neige : le Labrador s'est avéré utile et a été sélectionné.

La façon dont le Labrador bouge est étroitement liée à la fonction pour laquelle il a été sélectionné. En ce qui concerne le tronc, la forme de la cage thoracique est importante et se différencie de celle des autres chiens par la façon dont les côtes partent de l'épine dorsale : en direction presque horizontale et en se courbant progressivement vers le bas et en conservant une forme « en

APLOMBS ANTÉRIEURS

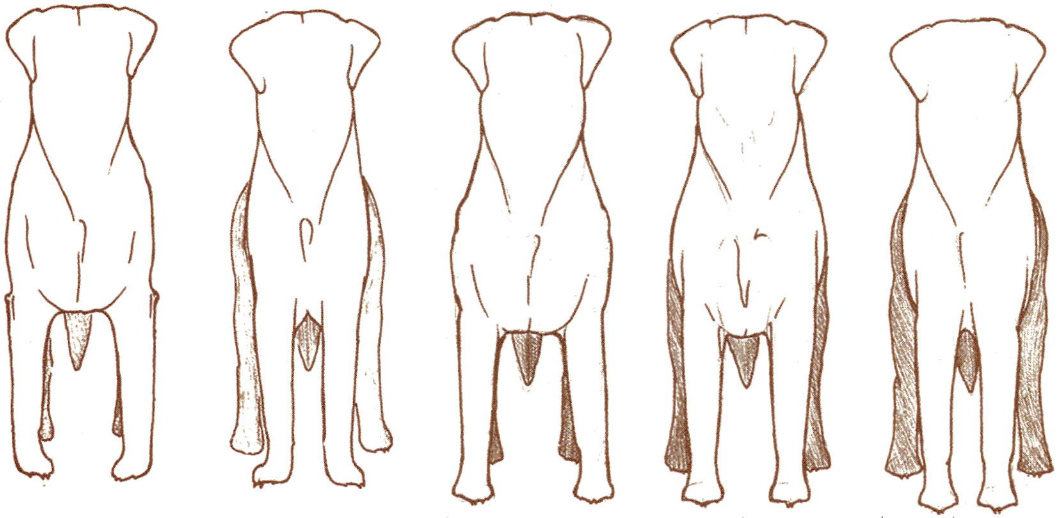

incorrects (antérieurs cagneux : coudes décollés)

incorrects (antérieurs rentrants : coudes trop adhérents)

incorrects (antérieurs excessivement ouverts)

corrects

incorrects (antérieurs trop étroits)

APLOMBS POSTÉRIEURS

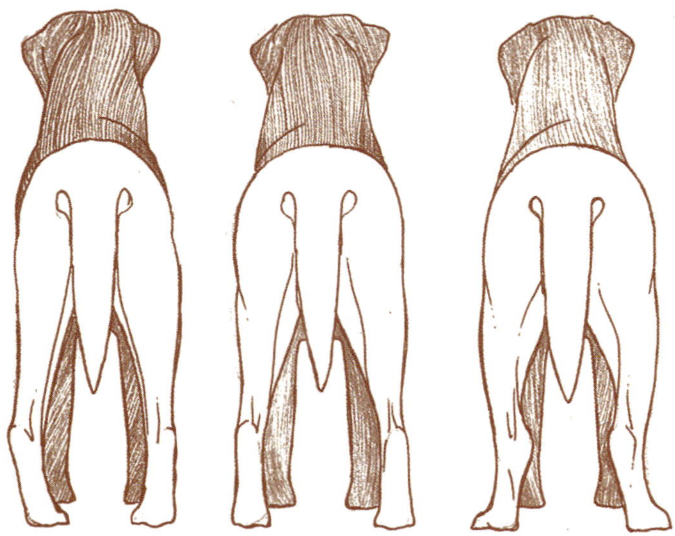

incorrects (postérieurs cagneux)

corrects

incorrects (jarrets de vache)

baril ». La forme qui se rapproche le plus de celle du Labrador est celle du Golden. La différence réside dans le fait que, vues en section, les côtes d'un Labrador ressemblent à un baril, alors que celles d'un Golden sont plus proches de la forme d'un œuf. Souvent, la forme de baril du corps est confondue avec le fait que le chien est trop gros, en particulier chez les chasseurs, qui souhaitent un chien maigre pour qu'il soit plus « réactif ». Vu de face, le thorax devrait être plutôt large, mais pas trop, pour ne pas offrir une trop grande résistance à la pénétration de l'air ou de l'eau, mais pas trop étroit non plus.
La forme de l'épaule est l'une des caractéristiques fondamentales du Labrador qui doit, telle la proue d'un bateau, fendre l'eau quand il nage ; c'est pourquoi ses épaules doivent être légèrement plus étroites que le postérieur.
Le cou doit être fort et assez fin pour donner la plus grande prise, mais sans fanon. La structure du cou et des épau-

les est très importante pour faciliter le soulèvement et le transport des poids.

Le Labrador saisit la partie postérieure ou latérale de la proie et la soulève en diagonale, contrairement au Cocker qui tire sa proie par en dessous.

Le dos doit être doté de muscles très forts et être assez compact. Un dos trop long est faible, de même qu'un dos ensellé.

Les parties postérieures revêtent une très grande importance : elles doivent être larges et fortes, sans aucun signe de faiblesse, avec des cuisses et des fesses dotées de muscles puissants.

La ligne supérieure dorsale doit être droite et non inclinée vers la queue et les membres postérieurs, de même que les épaules et les membres antérieurs, qui doivent avoir une angulation correcte pour agir comme un ressort d'un côté et comme un amortisseur de l'autre.

En outre, pour faciliter le mécanisme de soulèvement et de transport des proies, l'omoplate doit être longue et insérée vers l'arrière, tandis que l'humérus doit former un angle droit avec l'omoplate. Grâce à cette angulation, le chien porte le poids avec l'épaule et pas avec la bouche ou le cou. Si on laissait tomber un fil à plomb depuis la pointe de l'épaule, il devrait tomber derrière le coude du chien.

Le Labrador devant se déplacer sur la neige ou dans la boue, de même que sur la glace ou l'herbe, le pied doit être de taille moyenne et plutôt compact, en mesure de s'ouvrir sur une surface où un pied trop étroit s'enfoncerait. La forme du pied est très importante et elle est bien décrite par le standard : ce genre d'indication permet de rendre le chien plus ou moins « typique ». Le pied « de lièvre » fait paraître l'ensemble du chien « incorrect », de même qu'un pied « de chat ».

Grosse à la racine, la queue va en s'affinant progressivement, ce qui s'affirme par la couverture de poil très fournie, qui va en diminuant vers la pointe ; cette dernière peut être considérée typique d'un Labrador lorsqu'elle est légèrement recourbée.

Cependant, si la pointe prend une forme trop prononcée, au point de former une boucle, le poil du dessous de la queue formant de petites touffes dans la boucle, la queue

PIED

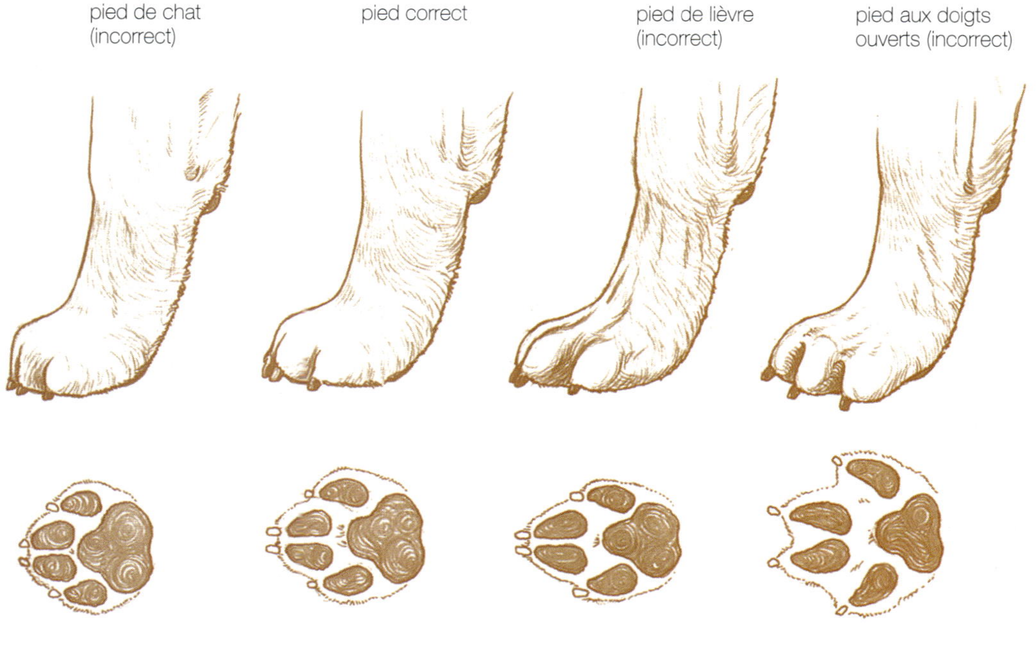

Queue

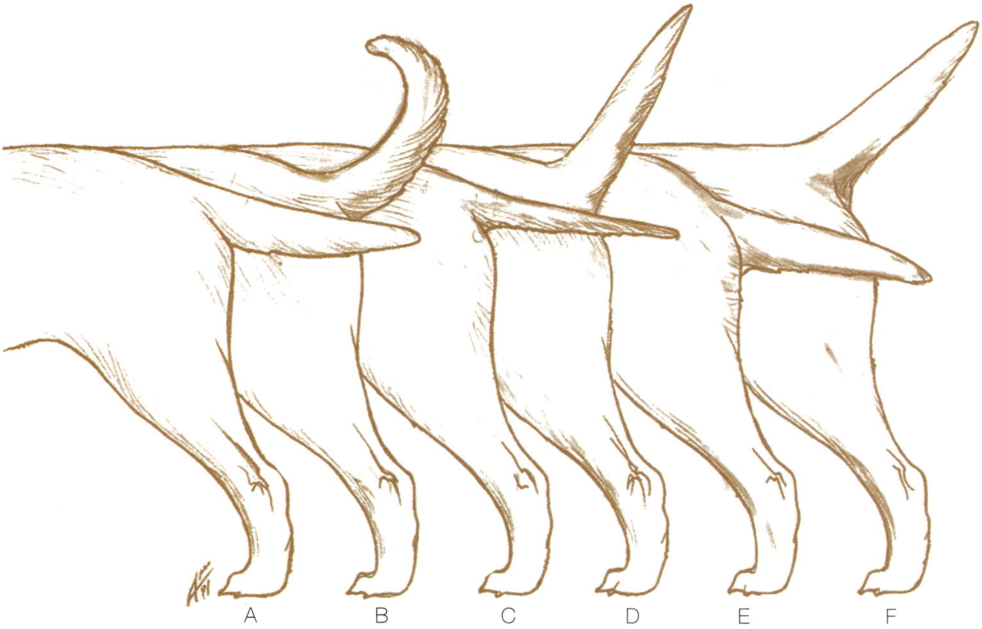

A : correcte ; B : port incorrect ; C : trop fine (incorrecte) ; D : port acceptable, typique des sujets jeunes ; E : attache trop basse ; F : attache trop haute

s'éloigne du standard. En ce qui concerne la robe, le double poil est très important chez le Labrador : sans une couche de sous-poil, le chien ne pourrait pas supporter l'eau froide, et c'est pour la même raison que la robe supérieure doit être assez dure au toucher.

Une robe dure et fournie, avec un sous-poil à l'épreuve de l'eau, exalte la beauté du chien car elle uniformise la robe : on obtient alors l'aspect arrondi si typique d'un véritable Labrador.

La forme de la tête doit donner une impression de grande générosité et de gentillesse, sans rien d'étroit. Le museau est large et les lèvres bien pleines sur les canines, ce qui

Queue classique de loutre et tendance à la dépigmentation récurrente de la robe couleur chocolat

Tête

A : correcte (axe crâne-face parallèle)

B : incorrecte (museau pas assez fort, pavillon auriculaire trop allongé)

C : incorrecte (museau court, ensemble grossier)

D : incorrecte (axes crâne-face convergents)

E : incorrecte (axes crâne-face divergents)

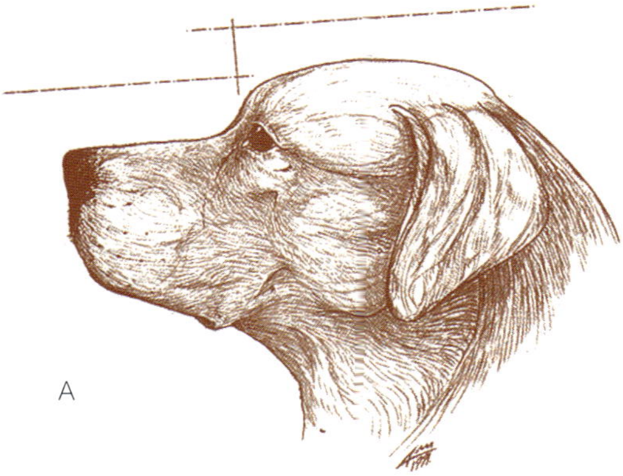

A

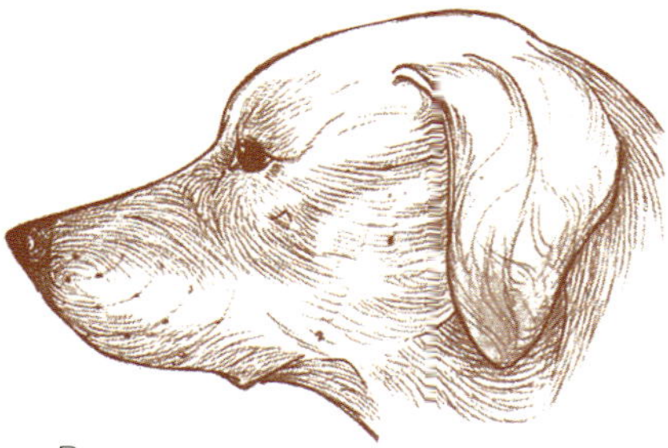

B

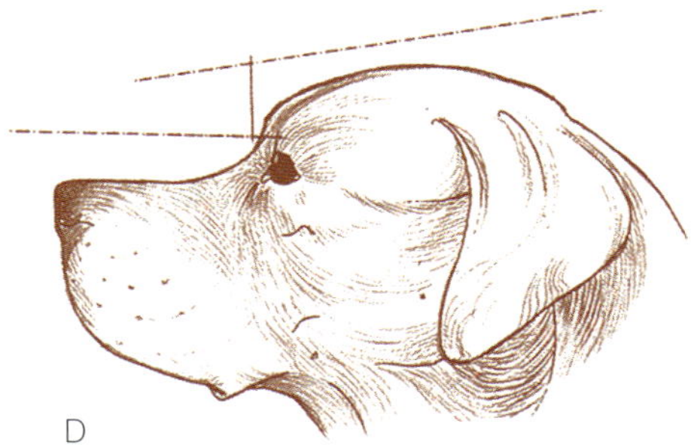

D

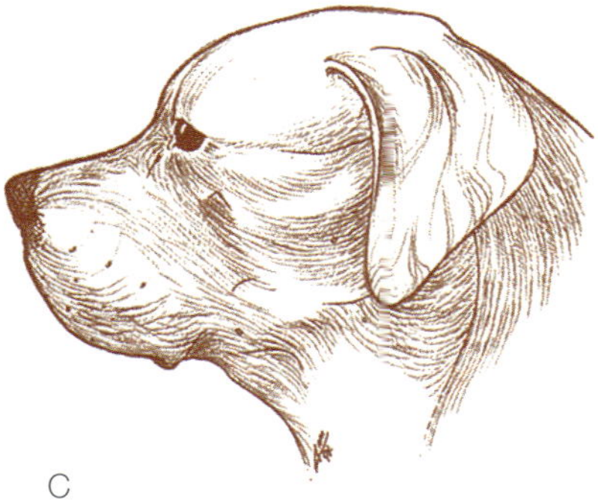

C

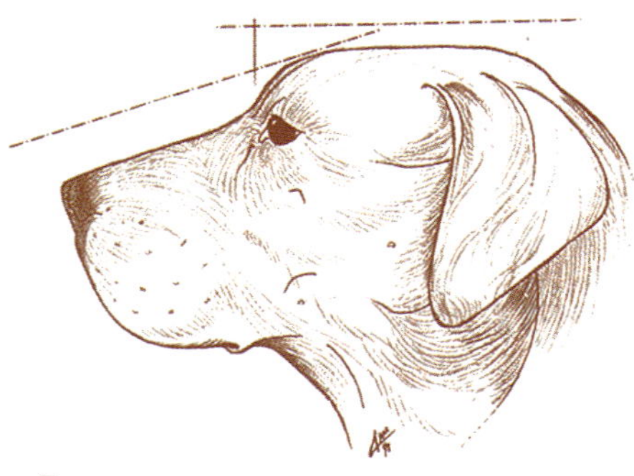

E

donne un aspect rond au museau.
Le nez est large et nivelé jusqu'au bout, finissant sur de larges narines. Le museau, comme la tête tout entière, doit flotter au-dessus de l'eau lorsque le chien nage : sa largeur doit dépasser sa hauteur. Le museau doit être bien large sur toute la longueur, de même que le stop, qui doit former une marche bien prononcée. Le stop, en somme, doit être évident et former une in-

DÉFAUTS GÉNÉRAUX

ligne dorsale défectueuse (lordose)

postérieur et épaule peu angulés

ligne dorsale défectueuse (cyphose)

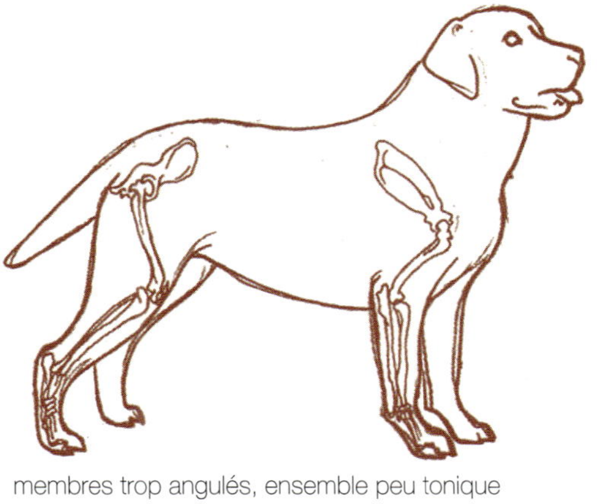

membres trop angulés, ensemble peu tonique

terruption perceptible entre le nez et le crâne.

Pour que le Labrador soit typique, il faut que le plan du crâne soit parallèle au plan du museau, sinon il ressemblera plus à un Flat Coated qu'à un Labrador. La tête ne doit être ni trop courte ni trop écrasée.

Un bon Labrador nage en disparaissant presque entièrement dans l'eau, se déplace lentement et ne mouille pas sa proie ; ce faisant, il n'effraie pas les autres animaux, qui se trouvent derrière lui. Des comportements différents sont le signe de croisements avec des races de chiens de chasse aux styles différents dans la nage et la façon de rentrer dans l'eau.

Les yeux et les oreilles doivent être bien protégés : l'œil est couronné par un sourcil accentué et l'oreille n'est ni trop grande, ni trop fine, ni trop petite, de façon à protéger l'oreille de l'eau et de l'air. Un œil trop saillant ou trop grand est exposé à des périls extérieurs, comme les coups, les épines et les griffu-

Défauts généraux

ensemble léger

faible développement du cou

ensemble trop lourd

ventre rentré

ligne dorsale rampante

sujet trop haut sur pattes

PHASES DU TROT

res, tandis qu'un œil trop enfoncé ne peut se libérer facilement des corps étrangers.
Durant l'hiver, la truffe s'éclaircit très souvent, prenant une couleur rosée. C'est tout à fait normal et ne doit pas être considéré comme un défaut.
La truffe rose représente en revanche un grave défaut, car cela veut dire qu'elle était dépigmentée à la naissance : c'est ce qu'on appelle le nez « Dudley ».
La stature, dans le standard officiel, est définie comme « idéale ». Récemment, une tendance s'est déclarée – au moins aux États-Unis – à produire des chiens exagérément grands, alors que le standard insiste sur l'importance d'une juste proportion entre les différentes parties anatomiques pour que le chien s'avère équilibré et harmonieux.

STANDARDS DES AUTRES RETRIEVERS

PAR C. RIMINI CALABRESE

STANDARD DU FLAT COATED

Pays d'origine : Grande-Bretagne

CARACTÉRISTIQUES

Chien de taille moyenne, brillant, vif. Il a l'expression intelligente. Il est puissant sans être lourd, harmonieux sans manquer de substance.

TEMPÉRAMENT

Doué au plus haut point de l'instinct de la chasse, de gaieté et de gentillesse que démontre le battement enthousiaste de la queue. Sûr de lui et gentil.

TÊTE ET CRÂNE

Tête longue et bien moulée. Le crâne est plat et de largeur modérée. Le stop est léger, en aucun cas accentué, évitant de donner à la face un profil creux ou descendant. Nez de

Comme pour tous les chiens noirs, la silhouette est très importante pour le Flat (photo Marco Leonardi)

Étude de tête du Ch. It. Fuoco e Fiamme del Corbezzolo

bonne taille, aux narines bien ouvertes. Les mâchoires sont longues et fortes, capables de porter un lièvre ou un faisan.

Yeux

De dimension moyenne, de couleur marron foncé ou noisette, à l'expression très intelligente (un œil rond, proéminent, est à proscrire). Les yeux ne sont pas disposés obliquement.

Oreilles

Petites et bien attachées, tout contre la tête.

Bouche

Les mâchoires sont fortes et présentent un articulé en ciseaux parfait, régulier et complet, c'est-à-dire que les incisives supérieures recouvrent les inférieures dans un contact étroit et sont implantées bien d'équerre par rapport aux mâchoires. Les dents sont saines et fortes.

Cou

La tête est bien attachée au cou, qui est de longueur raisonnable et exempt de fanon, harmonieusement attaché, s'insérant obliquement dans les épaules et se fondant bien dans le dos pour permettre au chien de chercher la piste avec aisance.

Avant-main

Poitrine bien descendue et assez large, bien dessinée dans sa région sternale et sur laquelle les coude doivent jouer correctement et de façon régulière. Les antérieurs sont droits ; leur ossature est bonne, d'un bout à l'autre des membres.

Corps

Les côtes antérieures sont assez plates. Elles sont bien développées vers l'arrière du thorax, présentant une courbe graduelle. Elles sont bien cintrées au centre, mais elles le sont plutôt moins vers l'arrière. Le rein long et mal attaché est un grave défaut.

Arrière-main

Musclée. Le grasset et le jarret sont modérément angulés. Le jarret est bien descendu. En station debout, les membres postérieurs, vus sous n'importe quel angle, sont d'aplomb. Les jarrets de vache sont à proscrire.

Pieds

Ronds et forts. Doigts serrés et bien cambrés. Coussinets épais et forts.

Queue

Courte, droite et bien attachée, portée gaiement mais

jamais bien au-dessus du niveau du dos.

Allures et mouvement

Les allures sont dégagées et faciles. Les membres se déplacent dans les plans parallèles à l'axe du corps, qu'ils soient vus de face ou de l'arrière.

Poil

Dense, de texture fine à moyenne, de bonne qualité, aussi plat que possible. Les membres et la queue sont bien frangés. Une bonne garniture de poil, à l'âge adulte, met la dernière touche à l'élégance d'un bon chien.

Couleur

Uniquement noir ou marron (foie).

Taille

La taille idéale est :
– de 58 à 61 cm pour les mâles ;
– de 56 à 59 cm pour les femelles.

Poids

Le poids idéal pour un chien en bonne condition est :
– de 27 à 36 kg pour un mâle ;
– de 25 à 32 kg pour une femelle.

Défauts

Tout écart par rapport à ce qui précède doit être considéré comme un défaut qui sera pénalisé en fonction de sa gravité.

N.B : les mâles doivent avoir deux testicules d'apparence

Groupe de l'élevage du Corbezzolo de C. Rimini Calabrese

normale complètement descendus dans le scrotum.

Observations et commentaire

Le Flat possède sans aucun doute un charme tout particulier : c'est un chien extrêmement extraverti, à la queue en plumeau, toujours en mouvement. C'est le plus élégant des Retrievers et aussi le plus vif et le plus joueur ; peut-être, disons-le, le plus incontrôlable.
Il possède une grande joie de vivre et un optimisme inébranlable, convaincu qu'il est que tous les êtres vivants, à commencer par les êtres humains, sont toujours disposés à jouer. Sa queue, jamais en repos, lui a valu le surnom de *wagging tail* chez les Anglais, ce qui signifie « queue remuante » et de « Peter Pan de la race canine ». C'est le chien idéal pour ceux qui souhaitent vivre avec un « gamin qui ne veut pas grandir » mais qui, entre les mains d'un maître responsable, se transforme en un « travailleur » sérieux et concentré.
Le Flat, comme les autres Retrievers, est un compagnon très agréable, joyeux et équilibré avec les enfants, mais il a été créé pour la chasse et demeure donc un chien de campagne. Il a besoin de beaucoup d'exercice et d'un maître actif qui, s'il ne possède pas un grand jardin ou n'est pas chasseur, sera du moins disposé à de grandes promenades quotidiennes. Il ne faut pas oublier non plus sa grande passion pour l'eau et lui permettre de plonger et de nager dès que possible. C'est un très bon chien de rapport et, utilisé sur le gibier, il s'avère bon chasseur. Sa robe est d'un noir luisant (plus rarement *liver*, c'est-à-dire marron foncé) et plate, d'où son nom de Flat Coated (« couvert de poil plat ») ; sa structure est puissante et agile, sa tête allongée avec un stop imperceptible, des yeux assez petits, ovales et très doux. La queue est plutôt courte, rectiligne, robuste et couverte d'un poil plus long que celui du tronc. Les membres sont légèrement frangés.
Le standard de la race prévoit deux robes : la noire classique et la *liver*, mais les Flats peuvent aussi être jaunes à la naissance, d'une nuance semblable à celle du Labrador ou du Golden. Il faut souligner que les chiots de cette couleur sont de parfaits Flats sous tous les aspects : la couleur jaune n'est pas une « tare », même si elle n'est pas admise par le standard et exclut donc le chien des expositions. Bien sûr, la diffusion de cette couleur n'est pas encouragée, du moins pour l'instant, jusqu'à ce que la couleur jaune soit officiellement reconnue, et la reproduction des sujets de cette couleur n'est donc pas recommandée.
Dans ce but, on peut tester les reproducteurs, qu'ils soient noirs ou *liver*, avant un accouplement, pour vérifier qu'ils ne sont pas porteurs du gène jaune. Il naît sans doute beaucoup plus de sujets jaunes que le nombre officiellement recensé, car c'est un gène très répandu. Malheureusement, beaucoup d'éleveurs cèdent encore à la tentation de cacher ces naissances ou, pire encore, d'éliminer immédiatement les pauvres chiots jaunes. Il serait opportun de rappeler (John Mc Kinlay) que le gène jaune a sans doute été introduit par l'homme, peut-être par des accouplements avec des Labradors noirs porteurs du gène jaune. Supprimer des chiots probablement sains et exempts de toute maladie héréditaire douloureuse est donc un véritable contresens.
Quant aux maladies héréditaires, on a vu ces dernières années se répandre les examens radiographiques spécialisés qui permettent de révéler la dysplasie de la hanche et du coude, ainsi que les tests annuels qui permettent de rechercher les pathologies oculaires. Tous les Flats, comme les autres Retrievers, devraient être examinés pour créer une banque de données, mais il est indispensable de soumettre à ces différents examens tous les reproducteurs, mâles ou femelles, avant de programmer un accouplement.
Des études récentes, menées en Grande-Bretagne, ont mis en évidence l'utilité de soumettre les Flats à un examen oculaire spécialisé, la gonioscopie, pour révéler une éventuelle prédisposition à la transmission du glaucome. Toujours en Grande-Bretagne, un pointage a été effectué sur l'incidence de la dysplasie de la hanche, sur la base de l'examen d'un grand nombre de sujets : la moyenne anglaise (d'après la méthode Willis) s'établit à 9 à 10 % et, du coup, le club anglais déconseille les accouplements entre sujets qui ont un score supérieur à la moyenne relevée.
Concluons ce petit commentaire en disant que posséder un Flat est un privilège et que, par conséquent, cela se mérite !

STANDARD DU CURLY COATED

Pays d'origine : Grande-Bretagne

Aspect général

Fort actif, aux aplombs impeccables, au pelage caractéristique.

Caractéristiques

Intelligent et endurant.

Tempérament

Amical et sûr de lui.

Tête et crâne

Tête longue, crâne plat bien proportionné, mâchoires fortes et longues sans être en sifflet ni grossières. Narines larges. Truffe noire ou marron (foie).

Yeux

Noirs ou marron foncé, grands mais pas proéminents.

Oreilles

Plutôt petites, attachées bas, disposées contre la tête, couvertes de courtes boucles.

Bouche

Mâchoires fortes et d'égale longueur, présentant un arti-

Photo Marco Leonardi

culé en ciseaux parfait, régulier et complet, c'est-à-dire que les incisives supérieures recouvrent les inférieures dans un contact étroit et sont implantées bien en équerre par rapport aux mâchoires.

Cou

De longueur modérée, exempt de fanon.

Avant-main

Épaules très longues, musclées et bien en obliques.

Corps

Côtes bien cintrées. Poitrine bien descendue dans la région sternale. Le rein n'est pas trop long. L'abdomen n'est pas retroussé.

Arrière-main

Forte et musclée. Le jarret est bien descendu. Le grasset et le jarret sont bien angulés.

Pieds

Ronds, compacts. Les doigts sont bien cambrés.

Queue

Modérément courte, portée droite, couverte de boucles, s'effilant vers l'extrémité, jamais portée gaiement, ni enroulée.

Allures et mouvement

Marche beaucoup et d'un pas décidé.

Poil

Masse de poils frisés à petites boucles sur tout le corps, ce qui constitue la caractéristique principale de la race, de suprême importance.

Couleur

Noir ou marron (foie).

Taille

La hauteur au garrot recherchée est de 68-58 cm pour les mâles et 63-50 cm pour les femelles.

Défauts

Tout écart par rapport à ce qui précède doit être considéré comme un défaut qui sera pénalisé en fonction de sa gravité.

N.B : les mâles doivent avoir deux testicules d'apparence normale complètement descendus dans le scrotum.

Observations et commentaire

C'est un Retriever à l'aspect extravagant, dont le nom signifie « couvert de bouclettes ». De fait, sa robe est constituée d'une masse de petites boucles noires ou marron foncé, qui partent du sommet du crâne et recouvrent tout le corps, queue comprise. Sa robe, typique du chien d'eau, révèle le croisement entre l'Irish Water Spaniel et le Caniche. En Grande-Bretagne, le Curly est un chien assez répandu.

STANDARD DU CHESAPEAKE BAY

Pays d'origine : États-Unis

TÊTE ET CRÂNE

Le crâne est large et rond avec un stop moyen, un nez moyen. Le museau est court, pointu mais pas aigu, les lèvres sont minces mais pas pendantes. Les oreilles sont petites, bien placées, pendant lâchement et de cuir moyen. Les yeux sont de grandeur moyenne, très clair, de couleur jaunâtre, et bien écartés.

COU

De longueur moyenne avec un aspect fortement musclé, s'amincissant vers les épaules.

ÉPAULES, POITRINE ET CORPS

Les épaules obliques doivent avoir pleine liberté d'action avec abondance de puissance sans aucune restriction de mouvement. Poitrine forte, profonde et large. Cage thoracique ronde et profonde. Corps de longueur moyenne, ni « cobby » ni en dos de carpe, mais approchant plutôt le creux, flans bien relevés.

ARRIÈRE-MAIN

Doit être aussi haute ou un peu plus haute que les épaules. Elle doit montrer autant de puissance que l'avant-main. Il ne doit y avoir aucune tendance à la faiblesse ni dans l'avant-main, ni dans l'arrière-main. L'arrière- main doit être spécialement vigoureuse afin de fournir la puissance nécessaire pour nager. Le dos doit être court, bien proportionné et vigoureux. Une bonne arrière-main est nécessaire.

MEMBRES, COUDES, JARRETS ET PIEDS

Les membres doivent être de longueur moyenne et droits, avec une bonne ossature et un bon tonus musculaire, avec des pieds de lièvre mais bien palmés et de bonne taille. Les doigts sont bien arrondis et serrés, les paturons légèrement courbés et les jarrets de longueur moyenne ; plus droits sont les membres, mieux cela vaut. Les ergots, s'il y en a, doivent être enlevés aux membres postérieurs ; ils peuvent aussi l'être aux membres antérieurs. Un chien avec des ergots aux membres postérieurs doit être disqualifié.

QUEUE

La queue doit être de longueur moyenne, variant de 30 à 37,5 cm pour les mâles et de 27,5 à 35 cm pour les femelles, assez forte à la base. Les franges sont permises.

ROBE ET TEXTURE

La robe doit être épaisse et courte, nulle part plus de 3,75 cm, avec un sous-poil laineux abondant. Le poil sur la face et les membres doit être court et droit avec une tendance à onduler sur les épaules, le cou, le dos et les reins. La robe bouclée ou à tendance à boucler n'est pas permise.

COULEUR

Toute couleur variant du brun foncé à un feu fade ou couleur d'herbe morte, laquelle varie d'une couleur feu à une couleur paille. Une tache blanche sur le poitrail et les doigts est permise mais plus petite elle est, mieux cela vaut, une couleur unie étant préférée.

Poids et taille

Pour un mâle : un poids de 29 à 34 kg et une hauteur de 58 à 66 cm.
Pour une femelle : un poids de 25 à 29 kg et une hauteur de 53 à 61 cm.

Symétrie et qualités

Le Chesapeake doit montrer une disposition brillante, heureuse et une expression intelligente, avec un contour impressionnant et dénotant un bon travailleur. Le chien doit être bien proportionné. Un chien avec un bon poil et bien balancé en d'autres points est préférable au chien excellent en quelques points mais faible en d'autres. La texture du poil est très importante, le chien étant utilisé pour chasser sous toutes sortes de conditions atmosphériques, souvent dans la glace et la neige. L'huile dans le poil rude et le sous-poil laineux est d'une extrême importance pour empêcher l'eau froide d'atteindre la peau du chien et aide au séchage rapide. Le poil du Chesapeake doit résister à l'eau de la même manière que le font les plumes d'un canard. La couleur et la robe sont extrêmement importantes, le chien étant utilisé pour la chasse au canard. La couleur doit être autant que possible celle de son milieu et, vu le fait que les chiens sont exposés à toutes sortes de conditions atmosphériques, travaillant dans la glace et la neige, la couleur de la robe et sa texture doivent recevoir toute considération lorsqu'on juge le chien au travail ou dans le ring.
Le courage, la volonté de travailler, la vivacité, le flair, l'intelligence, l'amour de l'eau, les qualités générales et, qui plus est, la disposition, doivent être considérés avant tout dans la sélection et l'élevage du Chesapeake.

Observations et commentaire

Le Chesapeake Bay doit son nom à la baie homonyme de la côte est américaine, dans le Maryland. Il est très populaire parmi les chasseurs américains, qui le trouvent irremplaçable pour le rapport dans l'eau. C'est le Retriever à l'aspect le plus rustique, avec une robe très particulière, à poil très court, légèrement ondulé, d'une couleur qui varie du marron au typique « feuille morte » et à la couleur paille, des yeux très clairs et bien écartés. Il possède peut-être le caractère le plus réservé de tous les Retrievers. Il est vraiment très rare en Europe, mais on le rencontre parfois dans les expositions internationales, chez certains sujets typiques. Depuis quelque temps, on peut admirer quelques sujets de ce « nouveau venu » des Retrievers, en particulier dans les pays scandinaves.

STANDARD DU NOVA SCOTIA DUCK TOLLING

Pays d'origine : Canada

Photo Marco Leonardi

ASPECT GÉNÉRAL

Le Nova Scotia Duck Tolling Retriever (Retriever de la Nouvelle-Écosse) est un chien de taille moyenne, puissant, compact, bien proportionné et bien musclé ; son ossature est moyenne à lourde.
Il est extrêmement agile, très éveillé avec beaucoup de détermination. Souvent, ce chien a un air quelque peu triste mais, au moment où il entre en action, son aspect change et exprime concentration intense et ardeur. Au travail, ses allures sont rapides et très actives, la tête presque à hauteur de la ligne du dessus, et la queue, abondamment frangée, battant sans arrêt.

COMPORTEMENT ET CARACTÈRE

Le Retriever de la Nouvelle-Écosse est très intelligent, très endurant et très réceptif. Ce nageur robuste et habile est de nature rapporteur tenace sur terre et dans l'eau ; au moindre signe lui indiquant que le moment est venu de rapporter, il est prêt à partir de son allure élastique. Sa passion pour le rapport et son caractère enjoué sont les qualités indispensables à son aptitude de retriever et d'appelant.

TÊTE ET CRÂNE

La tête est bien dessinée et légèrement cunéiforme. Le crâne, large, n'est que légèrement bombé, l'occiput n'est pas proéminent et les joues sont plates. Pour un mâle de taille moyenne, la bonne largeur du crâne entre les oreilles est de 14 cm, s'amenuisant jusqu'à 3,8 cm au chanfrein. La longueur de la tête, mesurée de l'extrémité de la truffe à la protubérance occipitale, est approximativement de 23 cm. La tête doit être bien proportionnée au corps. Le stop est modérément marqué. La truffe s'amenuise de sa base à son extrémité ; les narines sont bien ouvertes. La couleur de la truffe doit se marier harmonieusement avec celle de la robe ou être noire.
De profil nettement dessiné, le museau va en s'amenuisant de la dépression cranio-faciale à l'extrémité de la truffe ; la mâchoire inférieure est puissante sans être proéminente. Le profil inférieur du museau dessine depuis la commissure des lèvres à l'angle du maxillaire une ligne presque droite ; la hauteur du museau est plus grande au niveau de la dépression cranio-faciale qu'au niveau du nez. Le poil sur le museau est court et fin.
Assez appliquées, les lèvres dessinent de profil un léger arrondi sans former de lourdes babines.
L'articulé correct des mâchoires est celui en ciseaux bien en contact ; la denture complète est exigée. Les mâchoires sont assez puissantes pour porter un oiseau de belle taille ; le chien doit avoir la dent douce.

YEUX

Bien écartés, en forme d'amande, de grandeur moyenne, de couleur ambre à marron. Leur expression est amicale, vive et intelligente. Le pourtour des yeux (bord des paupières) doit être de la couleur des lèvres.

OREILLES

De forme triangulaire, de grandeur moyenne, attachées haut et bien en arrière sur le crâne ; l'oreille est très légèrement relevée à la base et bien frangée à l'arrière du pli ; sur l'extrémité arrondie, le poil est court.

COU

Fortement musclé, bien attaché, de longueur moyenne, sans aucun signe de fanon.

CORPS

Dos court et droit ; rein solide et musclé. Poitrine bien descendue jusqu'au niveau du coude ; côtes bien cintrées, ni en tonneau ni plates.

MEMBRES ANTÉRIEURS

Les membres antérieurs doivent être d'aplomb et avoir l'aspect de colonnes parallèles. Les os sont solides. L'épaule doit être musclée, avec une omoplate bien inclinée et bien attachée, formant un garrot marqué qui se fond dans un dos court.
L'omoplate et le bras sont approximativement de la même longueur. Les coudes, bien au corps, ne sont ni serrés ni décollés, permettant un mouvement aisé et égal. Les pieds sont fortement palmés, de grandeur moyenne et ronds ; les doigts sont serrés et bien cambrés et les coussinets épais. On peut procéder à l'ablation des « ergots » (premier doigt).

MEMBRES POSTÉRIEURS

Musclés, larges et d'aplomb. Les angulations des membres antérieurs doivent bien correspondre. Les postérieurs ne doivent pas présenter d'ergots.
La cuisse est très fortement musclée ; cuisse et jambe de longueur approximativement égale. Le grasset est bien angulé. Le jarret est bien descendu, ni tourné en dedans ni en dehors.

QUEUE

Large à sa naissance, elle prolonge la très légère inclinaison naturelle de la croupe. Elle est garnie de franges abondantes.
La dernière vertèbre caudale atteint au moins le jarret. La queue peut être portée plus bas que la ligne de dos, sauf quand le chien est en éveil ; elle est alors portée haut et recourbée, sans jamais toutefois toucher le tronc.

ALLURES ET MOUVEMENT

Le Retriever de la Nouvelle-Écosse donne une impression à la fois de puissance et d'élasticité dans ses allures dégagées. Longues enjambées des antérieurs et forte impulsion des postérieurs. Les pieds ne sont tournés ni en dedans ni en dehors. Les membres se meuvent en ligne droite.
Quand la vitesse augmente, le chien rapproche les membres du plan médian (piste unique). La ligne du dessus reste bien unie.

POIL

Le Retriever de la Nouvelle-Écosse, ayant été sélectionné pour le rapport dans l'eau glacée, doit avoir un poil double imperméable. Le poil de couverture est moyennement long et doux, le sous-poil est dense et encore plus doux.
Le poil peut être légèrement ondulé sur le dos, mais ailleurs il est droit. En hiver, le poil peut former de longues boucles déliées à la gorge. Le poil des franges à la gorge, derrière les oreilles et à la face postérieure de la cuisse et de la jambe est doux ; les franges aux membres antérieurs sont modérément développées.

COULEUR

La couleur va du rouge à l'orange dans ses différentes nuances ; les franges et le poil à la face inférieure de la queue sont d'un ton plus clair.
Habituellement, au moins une des marques blanches suivantes est présente : extrémité de la queue, pieds (sans dépasser le métacarpe), poitrine et liste.
Un chien, par ailleurs de grande qualité, ne doit pas être pénalisé à cause de l'absence d'une marque blanche. La truffe, les lèvres et le bord des paupières doivent être d'une couleur chair qui se marie avec la couleur de la robe, ou de couleur noire.

TAILLE ET POIDS

Taille idéale pour un mâle de plus de 18 mois : 48-51 cm.
Taille idéale pour une femelle de plus de 18 mois : 45-48 cm.
On admet 2,5 cm (1 pouce) en plus ou en moins de la taille idéale.
Le poids doit correspondre à la taille et à l'ossature :
– poids indicatif pour un mâle adulte : 20-23 kg ;
– poids indicatif pour une femelle adulte : 17-20 kg.

DÉFAUTS

Tout écart par rapport à ce qui précède doit être considéré comme un défaut qui sera pénalisé en fonction de sa gravité.

• Stop très marqué.
• Axes longitudinaux du crâne et du chanfrein convergents ou divergents.
• Truffe d'un rose vif.
• Truffe, yeux et bord des paupières pas de couleur prescrite.
• Prognathisme supérieur.
• Yeux grands et ronds.
• Dessus ensellé.
• Rein peu soutenu.
• Queue trop courte, cassée ou enroulée au point de toucher le dos. Aux allures, queue en dessous du niveau du dos.
• Métacarpe trop fléchi.
• Pieds écrasés ou pieds dont les coussinets sont très minces.
• Poil écarté, pas assez dense, pas serré.
• Manque de substance chez un chien adulte.
• Chiens de taille de 2,5 cm (1 pouce) en plus ou en moins de la taille idéale.

Défauts éliminatoires

• Nez taché partiellement de ladre.
• Prognathisme inférieur, mâchoire de travers.
• Prognathisme supérieur dépassant 3 mm (1/8 pouce).
• Pieds trop peu palmés.
• Robe argentée, robe grisâtre, robe avec plages noires.
• Marques blanches à l'épaule, autour de l'oreille, sur le haut du cou, en travers du dos et sur les flans.
• Toute autre couleur que les teintes allant du rouge à l'orange.
• Tout signe montrant qu'un chien adulte est craintif.

N.B : les mâles doivent avoir deux testicules d'aspect normal complètement descendus dans le scrotum.

Observations et commentaire

Reconnu par la FCI le 15 novembre 1982, c'est un chien assez bas, recouvert d'une abondante robe fauve qui présente quelques taches blanches sur la poitrine et les pieds. Très bon chien de travail. Son nom à rallonge (abrégé en « toller »), indique ses origines (la Nouvelle-Écosse est une péninsule méridionale du Canada), ainsi que les deux spécialisations pour lesquelles le chien a été sélectionné : attirer et rapporter. La couleur de la robe a été fixée pour qu'il ressemble à un renard, car les chasseurs locaux du siècle dernier avaient découvert que les renards jouaient sur la côte pour attirer les canards, curieux, avant de les agresser à l'improviste.

STANDARD DU GOLDEN RETRIEVER

Pays d'origine : Grande-Bretagne

Aspect général

Chien harmonieux, bien proportionné, actif, puissant, bien uni dans ses allures, de constitution robuste, à l'expression empreinte de douceur.

Caractéristiques

Docile, intelligent, naturellement doué pour le travail.

Tempérament

Doux, amical et sûr de lui.

Tête et crâne

Tête bien proportionnée et bien ciselée. Crâne large sans être lourd. Belle attache de la tête avec l'encolure.
Museau puissant, large et haut.
La longueur du chanfrein est approximativement égale à celle du crâne, du stop bien marqué à l'occiput. La truffe est noire de préférence.

Yeux

Marron foncé, bien écartés. Le bord des paupières est foncé.

Oreilles

De taille moyenne et attachées à peu près au niveau des yeux.

Mâchoires

Les mâchoires sont fortes et présentent un articulé en ciseaux parfait, régulier et complet, c'est-à-dire que les incisives supérieures recouvrent les inférieures dans un contact étroit et sont implantées bien d'équerre par rapport aux mâchoires.

Cou

De bonne longueur, net et musclé.

Kukkola Ivanhoe. Él. Carina Selberg, propr. Giulia Grilli

Ch. du Club de la race Royal Silk Sparking Virtue. Él. Maddalena Gambini, propr. A. Franchi

AVANT-MAIN

Les membres antérieurs sont droits ; ils ont une bonne ossature. Épaules bien obliques. Omoplate longue et bras d'égale longueur font que les antérieurs, du coude au sol, sont bien disposés sous le corps. Les coudes sont bien au corps.

CORPS

Bien équilibré. Rein court. Poitrine bien descendue dans la région sternale. Les côtes sont bien descendues et bien cintrées. Ligne du dessus horizontale.

ARRIÈRE-MAIN

Le rein et les membres postérieurs sont forts et musclés. Les jambes sont solides et les grassets sont bien angulés. Les jarrets sont bien descendus. Les canons métatarsiens, vu de derrière, sont d'aplomb. Les jarrets ne tournent ni en dedans, ni en dehors. Les jarrets de vache sont à proscrire.

PIEDS

Ronds, pieds de chat.

QUEUE

Attachée et portée au niveau du dos. Elle atteint le jarret. Elle ne s'enroule pas à l'extrémité.

ALLURES ET MOUVEMENT

Allures énergiques, avec beaucoup d'impulsion. Les membres antérieurs et postérieurs se déplacent dans un plan parallèle à l'axe du corps. L'enjambée est longue et dégagée sans aucune tendance à relever les antérieurs.

POIL

Le poil est plat ou ondulé avec de bonnes franges. Le sous-poil est serré et imperméable.

COULEUR

N'importe quel ton or ou crème. Ne doit être ni rouge, ni acajou. On admet la présence de quelques poils blancs uniquement au poitrail.

TAILLE

Hauteur au garrot :
– mâles : 56 à 61 cm ;
– femelles : 51 à 56 cm.

DÉFAUTS

Tout écart par rapport à ce qui précède doit être considéré comme un défaut qui sera pénalisé en fonction de sa gravité.

Ch. Mond. Jeune Kukkola Made My Way. Él. Carina Selberg, propr. Busignani/Selberg, handler Emanuele Venieri

N.B. : les mâles doivent avoir deux testicules d'apparence normale complètement descendus dans le scrotum.

Observations et commentaire

Le Golden est connu partout pour sa beauté et pour son excellent caractère, commun à tous les Retrievers ; il est également utilisé pour le travail, participant aux field trials avec un certain succès ; c'est un excellent nageur. C'est un chien d'exposition très attrayant, à la beauté spectaculaire, en particulier grâce à sa robe dorée et à son expression cordiale.
Sa popularité est croissante un peu partout et dépasse même souvent celle des Labradors, y compris du point de vue du nombre de sujets inscrits aux expositions.
Son aspect est massif et puissant et il n'est pas très haut sur pattes. Le crâne est large, avec un stop marqué, les yeux sont sombres, les oreilles bien insérées. La mâchoire est forte, comme chez tous les chiens de rapport. Les membres possèdent une très bonne ossature, avec une épaule bien oblique et un postérieur très puissant et bien angulé. Sa robe est sa caractéristique principale et l'éleveur lui accorde une grande attention. Le standard précise que le poil peut être plat ou ondulé, avec de bonnes franges et un sous-poil serré et imperméable, fondamental pour protéger l'animal du froid et empêcher l'eau froide de le paralyser quand il nage. C'est aussi le sous-poil qui donne cette impression de volume typique des Goldens, genre « nounours ».
Les franges, qui n'atteignent leur longueur idéale qu'à l'âge adulte, sont très visibles vers l'âge de un à deux ans, plus longues que chez le Flat Coated.
La couleur est également un élément de sélection important pour la race. Revenons au standard qui précise : « N'importe quel ton or ou crème. Ne doit être ni rouge, ni acajou. »
Aujourd'hui, on voit malheureusement beaucoup de robes délavées, quelquefois presque blanches, et ces dernières années, c'est même devenu une sorte de « tendance », presque une mode, de préférer des Goldens clairs, et certaines lignées en sont arrivées à perdre le standard de vue. En même temps, on voit aussi des chiens fauves, dont la robe est passée de l'or intense au « rougeâtre ». Dans ce cas aussi, il s'agit de lignées d'élevage pour lesquelles on a utilisé des étalons à roux très dominant, en perdant de vue le « vrai » Golden.
On voit quelquefois sur les rings d'exposition deux groupes de chiens de couleurs différentes. Pourtant, répétons-le, c'est justement la couleur de la robe, cette couleur crème splendide, qui fait du Golden un chien aussi fascinant et typique.

SYSTÈMES DE COMMUNICATION CHEZ LE CHIEN DOMESTIQUE

PAR MADAME LE PROFESSEUR M. VERGA

Les animaux communiquent entre eux par une série de signaux qui peuvent être constitués de vocalisations, positions du corps ou activités rapidement perceptibles et identifiables par leurs congénères.

En effet, les systèmes de communication sont souvent spécifiques à une espèce, au sens où ils sont caractéristiques de chaque espèce et compréhensibles au sein de l'espèce – dans le cas présent, les chiens.

Ces systèmes sont basés sur l'utilisation de différents appareils sensoriels et sont d'autant plus évolués que les animaux appartiennent à une espèce sociale.

Cela parce qu'il est primordial pour la survie de l'individu et du groupe que ses composantes puissent échanger des informations, par exemple pour indiquer la présence de nourriture ou la disposition à l'accouplement.

Cette faculté est également nécessaire au maintien de la cohésion du groupe et de sa structure sociale.

N'importe quelle flaque d'eau est une piscine de rêve pour le Labrador

Les Labradors sont « affectuo-dépendants »

Le chien domestique appartient à une espèce hautement sociale et il communique surtout au travers de signaux visuels, acoustiques et olfactifs. La possibilité, pour l'homme, de comprendre le « langage » de l'animal et de lui transmettre à son tour une série de messages se fonde sur ses signaux.

COMMUNICATION VISUELLE

Les expressions de la face, les positions du corps dans son ensemble ou de ses différentes parties, comme les oreilles ou la queue, de même que la distance maintenue par l'animal et qui délimite son « espace personnel », à l'intérieur duquel il n'autorise à pénétrer que les personnes qui lui conviennent, recouvrent autant de contenus différents.

Dès le plus jeune âge, le chiot assume une série de positions qu'il conservera pratiquement identiques à l'âge adulte. C'est le cas par exemple de la position d'invitation au jeu et de celle de la soumission, la première avec la partie antérieure du corps abaissée et la postérieure relevée, en agitant la queue ; la seconde en baissant les oreilles et la queue et en se couchant sur le sol en exposant gorge et ventre, c'est-à-dire des parties du corps vulnérables.

Dans ses contacts avec sa mère et ses frères et sœurs, le chiot apprend à utiliser le langage du corps pour transmettre et recevoir des messages : cela lui permettra ensuite de communiquer, à l'âge adulte, non seulement avec ses semblables, mais aussi avec l'homme.

Chez le chien adulte, il faut observer le port des oreilles et la position du corps tout entier, de même que la façon dont le chien s'approche de l'un de ses semblables ou de l'homme.

Si un chien est animé d'intentions amicales, il garde la tête haute, la queue en position normale et tout son corps est détendu ; en revanche, si les oreilles et la queue sont dressées, que le corps est tendu et que l'animal montre les dents,

Poolstead Pleasant Memory, « Crispie ». Él. Hepworth, propr. élevage Torre Palazzone

mieux vaut se méfier et prévenir une attaque éventuelle. Une attitude agressive est également signalée par le poil hérissé sur le dos et les grondements sourds ou véritables. Poil hérissé, queue horizontale et oreilles couchées en arrière, associés à une expression tendue, la gueule montrant les dents, précèdent souvent l'attaque d'un chien qui devient agressif parce qu'il a peur et qu'il cherche à se défendre. En revanche, un animal qui baisse les oreilles, qui a la queue basse ou entre les jambes et se couche à moitié ou complètement en se rapprochant, indique par là sa totale soumission.

En ce qui concerne la face, il faut avant tout observer l'expression des yeux et la position des lèvres, qui peuvent découvrir ou non la denture. Soutenir le regard d'autrui est en général une attitude de défi ouvert, car l'intensité et la durée d'un regard dirigé contre un rival servent au chien pour définir son rôle hiérarchique au sein du groupe. Le même raisonnement est valable pour le fait de détacher son regard : plus un animal le fait, plus il indique sa soumission. Les messages transmis par le regard peuvent se résumer en :

– menace, si le regard est fixe et attentif, pupille rétractée ;

– peur, timidité ou méfiance si le regard est baissé ou fuyant ;

– invitation à faire connaissance et à jouer si le regard est attentif et accompagné d'autres signaux visibles, comme la partie antérieure du corps baissée et la queue qui remue ;

– attente de nourriture, de caresses, de câlins ou de toute autre chose agréable, si le regard est implorant et languide.

Enfin, il faut rappeler que, parfois, des altérations du regard indiquent que quelque chose ne va pas bien physiquement et que l'animal est malade. On connaît le cas de « l'agressivité pathologique », qui consiste en des attaques sans causes apparentes, y compris envers des membres de la famille où vit l'animal. Ces attaques sont en général précédées d'un regard vitreux et distant.

Le « langage de la queue » mérite un développement particulier, car la signification exacte du fait de remuer la queue n'a pas encore été clairement établie. D'après certains éthologues, les chiots commencent à remuer la queue à l'âge d'un mois environ, pendant la tétée, et cela proviendrait de la compétition avec leurs frères et sœurs et de la tension provoquée entre peur des autres et désir de se nourrir. Le fait de remuer la queue sert probablement à indiquer aux autres chiens ses intentions pacifiques, voire une invitation au jeu, mais il est également assez clair qu'il a pour but de répandre une série d'odeurs qui indiquent la présence de l'animal et éventuellement sa possession du territoire et de ce qui s'y trouve, comme la nourriture, l'abri ou les femelles en chaleur.

Le chien domestique, suite à la sélection génétique opérée par l'homme, a conservé des attitudes de type infantile ou juvénile, comme le fait de remuer la queue en signe d'invitation au jeu ou d'attente d'une récompense.

Cependant, chez certaines races, la queue a été modifiée par la sélection génétique, voire totalement ou partiellement éliminée, et les messages qu'elle peut transmettre sont modifiés à cause des différences de port de la queue et de possibilités de mouvement.

Certains spécialistes pensent que la queue recouvre à l'origine, chez le loup, ces différentes fonctions :

– couvrir ou découvrir la zone anale et génitale, en la cachant ou en la montrant aux autres pour stimuler leur attention, en l'utilisant donc comme instrument important à des fins sociales et sexuelles ;

– signaler sa position sociale et son état émotionnel : si un chien doit en affronter un autre qui occupe une position dominante par rapport à lui, il peut baisser la queue pour soustraire sa zone anale à son contrôle.

L'intensité et l'ampleur des mouvements de la queue peuvent indiquer le niveau de contrôle émotionnel de l'animal, qu'il soit pacifique ou sur le point d'attaquer, comme on l'a vu s'agissant des significations des différentes positions du corps.

COMMUNICATION OLFACTIVE

C'est l'un des systèmes d'information les plus utilisés par les chiens, leur constitution anatomique et physiologique leur offrant de très grandes capacités olfactives. Le chien émet et reçoit, en saisissant à la fois la provenance et le contenu du message, une série

Trouver un os dans une jardinière n'est pas chose facile…

Même les chats se sentent protégés au milieu des Labradors

Toute trace est bonne à suivre

d'odeurs produites dans différentes situations et avec différentes intentions par les animaux ; le fait de marquer son territoire à l'aide d'urine en est un exemple, surtout chez le chien mâle, de même que la façon de signaler sa disponibilité à l'accouplement, surtout chez la femelle.
Les traces olfactives permettent au chien de reconnaître la présence et les parcours d'autres chiens, ou de proies, ou encore de prédateurs.
Des odeurs marquées et très particulières sont émises par l'urine, les excréments, la salive et, directement, par des glandes olfactives spécialisées.
Le marquage du territoire sert à signaler la présence, dans le secteur, d'un animal dominant, surtout lorsqu'il se trouve en dehors de son territoire habituel.
Les odeurs émises sont en général de deux types :
– substances qui restent stables pendant de longues périodes et qui sont produites par des processus métaboliques normaux ;
– substances émises dans des conditions physiologiques particulières, comme les chaleurs, le stress ou la modification de l'état social.

Des chiens mâles et femelles, jeunes ou adultes, qui jouent des rôles différents dans le groupe, émettent des odeurs différentes. Les processus hormonaux jouent bien sûr un rôle important dans toutes ces différences.

Souvenons-nous à ce sujet des phérormones, c'est-à-dire les odeurs sociales qui présentent la caractéristique d'être efficaces à distance, dans l'espace et dans le temps. En général, elles sont émises surtout avec l'urine et les sécrétions vaginales des femelles en chaleur, pour indiquer la réceptivité sexuelle et permettre leur accouplement.
Pour marquer son territoire, le chien utilise surtout l'urine et, dans une moindre mesure, ses excréments. Ce comportement peut être diminué par la castration. Une autre façon de marquer son territoire consiste pour le chien à creuser des trous en laissant ainsi un signe visible en même temps que son signal olfactif, grâce aux glandes olfactives situées au

niveau interdigital et à l'urine et aux excréments relâchés tout autour.
La fréquence du marquage du territoire et des arrêts que le chien accomplit pendant ses « tournées » de reconnaissance, pour « lire » les traces de ses semblables, dépend souvent du nombre de chiens qui fréquentent le même secteur. Cette vérification peut également être effectuée en groupe et, en général, elle est effectuée de manière figée, presque ritualisée, de manière très soignée et complète.
La « miction de soumission » est un message olfactif particulier, par lequel le chien indique sa soumission. Comme cela se produit souvent à l'égard du maître humain, il est important d'en comprendre la cause et d'utiliser la bonne façon d'éduquer le chien pour l'éliminer, sans recourir à des punitions sévères qui aggravent les choses, comme c'est trop souvent le cas.

COMMUNICATION ACOUSTIQUE

Ce système d'information possède l'avantage de pouvoir être utilisé dans l'instant et sur une assez longue portée. Les différents sons, du gémissement à l'aboiement en passant par le grondement, servent à communiquer aux autres une série de messages, qui peuvent concerner par exemple :
– la nourriture, lorsque les chiots la réclament à leur mère ou que les adultes s'indiquent réciproquement la présence d'une proie pendant une chasse en groupe ;
– le danger, lorsque les chiens se transmettent un signal d'alerte pour indiquer la présence, le rapprochement ou l'éloignement de prédateurs ;
– des signaux sociaux et sexuels, lorsque l'animal aboie pour défendre son territoire, ou pour courtiser une femelle avec laquelle il souhaite s'accoupler ;
– les relations entre la mère et sa portée, lorsque les chiots et leur mère « dialoguent » ;
– la coordination au sein de la meute, lorsque les vocalises sont transmises et reprises sur de longues distances.
Grâce à son ouïe extrêmement développée, le chien est en mesure de recevoir et de reconnaître des signaux acoustiques qui vont bien au-delà des possibilités de l'oreille humaine. Le fait qu'il parvienne à entendre et à identifier des bruits de pas, de moteurs et autres, n'est pas un phénomène inexplicable, mais le résultat de cette sensibilité auditive. Une autre croyance commune veut que le chien soit capable de comprendre la signification des mots que lui adressent son maître : en réalité, aucune preuve ne confirme cette théorie, alors qu'il est clair que le conditionnement humain (même si l'homme ne s'en rend pas compte) apprend au chien à réagir à certains mots, à cause des réponses qu'il reçoit du milieu ambiant.
En pratique, il apprendra à s'asseoir si, à chaque fois qu'il obéit à l'ordre « assis », il se voit récompensé d'une caresse ou d'une friandise. Si le commandement est toujours répété de manière identique, avec le même ton de voix et les mêmes gestes, et que l'obéissance est récompensée un certain nombre de fois, il se fixera dans le comportement du chien grâce à ce processus d'apprentissage.
La communication acoustique apparaît dès que le chiot émet des « cris de protestation » lorsqu'il est séparé de sa mère et du reste de la portée ou s'il se met dans des situations périlleuses ou désagréables. Il pousse alors des couinements à l'adresse de sa mère, qui poussent cette dernière à s'occuper de lui. Les appels sont très différenciés, tant chez le chiot que chez l'adulte, et sont également liés à la race canine. Certaines races ont tendance à peu aboyer, d'autres sont plus « bavardes », d'autres encore n'aboient pas et poussent plutôt des sortes de plaintes, hululements plus fréquents à l'aube et au crépuscule. Ce type de communication est en général hérité du milieu social : ne prêter attention au chien que lorsqu'il aboie peut constituer une stimulation suffisante pour en faire un chien « aboyeur ».
En revanche, le féliciter lorsqu'il cesse d'aboyer peut faire en sorte de le rendre plus silencieux.
Le catalogue des sons émis par les chiens est plutôt complexe car ils vont, comme on l'a dit, du gémissement au grondement en passant par l'aboiement, sans oublier des ultrasons comme ceux que la femelle du coyote adresse à ses chiots.
Chaque éleveur, chaque propriétaire de chien, peut reconnaître la voix de son chien et les différents messages qu'il

La douceur du Labrador ne lui permet de développer aucune agressivité en défense : mieux vaut se fier au portail !

transmet : nouveauté, attention, danger, peur, invitation au jeu. On parle même de pollution sonore dans certains endroits – en ville le plus souvent – où se trouvent regroupés de nombreux chiens qui souhaitent communiquer entre eux à distance ou « s'adresser » à leur maître.

Donner de la voix est un comportement inné et normal du chien domestique, non seulement utile, mais indispensable au maintien de la cohésion et de la communication au sein d'un groupe, y compris lorsqu'il s'agit de la famille humaine de son maître. Si l'animal aboie trop fort et trop souvent, il est donc inutile d'essayer de faire disparaître ce comportement ; mieux vaut essayer de comprendre pourquoi il aboie et lui apprendre à réduire ses manifestations sonores à des occasions nécessaires, utiles et appréciables, par exemple pour souligner un danger.

COMMENT COMMUNIQUER AVEC LE CHIEN

Pour transmettre des messages au chien, il faut bien sûr connaître le sens de ceux qu'il transmet lui-même à l'aide de son corps, de sa voix, de son odeur, etc.

Mais il est aussi indispensable d'utiliser des signaux que l'animal peut comprendre. Tout d'abord, lorsqu'on rencontre un chien étranger, mieux vaut demander à son maître des informations sur sa façon de réagir ; il faut de plus s'habituer à l'appeler par son nom quand on le connaît, avant de l'approcher et de lui adresser d'autres messages par les gestes ou la voix.

Certains gestes sont parfois interprétés par l'animal comme des menaces, ce qui entraîne son agressivité : au lieu d'approcher la main de la tête du chien pour le caresser, mieux vaut lui présenter sa paume ouverte pour qu'il puisse la sentir, de façon à se faire connaître ou reconnaître par son odeur.

À propos de communication olfactive, sachez qu'il n'est pas rare, lorsqu'on est proprié-

Position typique de soumission

taire d'une femelle, de se voir poursuivre des « avances » insistantes d'un mâle qui a reconnu et senti l'odeur de la femelle sur les habits, celle-ci étant particulièrement riche en phérormones, ces substances qui indiquent la disponibilité à l'accouplement.

Le chien flaire pour connaître, reconnaître et identifier. Lorsqu'il s'approche pour flairer, il faut observer son attitude corporelle pour comprendre ses intentions.

Il fait d'ailleurs la même chose de son côté : les positions et l'attitude de l'homme lui indiquent des intentions amicales, de l'indifférence ou de la crainte.

Par exemple, la rigidité du corps et le recul peuvent être interprétés comme des signaux, respectivement, d'hostilité et de soumission et donc provoquer l'agressivité. Il est toujours utile, cela dit, de connaître l'histoire de l'animal et de vérifier au travers de son comportement s'il associe des gestes ou stimulations particulières au danger, avec le risque consécutif de le voir réagir de manière agressive.

Lorsqu'un chien s'approche d'un enfant, surtout s'il ne le connaît pas, mieux vaut être attentif au comportement des deux, car les gestes un peu brusques de l'enfant, son allure ou ses cris peuvent être identifiés par le chien comme des messages dangereux dont il doit se défendre, y compris de manière violente.

On peut apprendre à l'animal à réagir de manière correcte à force de patience, de cohérence, de constance et d'approche méthodique, en utilisant une association de signaux vocaux et gestuels ; outre l'obéissance, on peut aussi lui apprendre à bien utiliser ses caractéristiques de race. Il faut énormément de constance et de cohérence pour dresser l'animal, en n'oubliant pas de récompenser l'obéissance au commandement, au moins au début de son éducation.

Si le chien vit avec plusieurs personnes, il faut que celles-ci s'accordent sur les mots à utiliser pour transmettre des messages à l'animal et qu'elles adoptent un comportement cohérent.

QUELQUES RÈGLES DE COMMUNICATION ENTRE HOMME ET CHIEN

- Ne regardez jamais un chien inconnu directement dans les yeux (c'est un signe de défi).
- Ne saisissez par la peau du cou un chiot ou un adulte (à condition d'avoir établi sa domination sociale) que si vous souhaitez le soumettre (comme le fait la mère à l'égard de son chiot).
- Mettre un chien sur le dos indique sa soumission sociale et votre domination sociale.
- Le port d'un chapeau, surtout à large bord, trouble un chien lorsqu'il n'y est pas habitué.
- Les uniformes en général, ou les vêtements qui sortent de la norme, peuvent provoquer des réactions anormales chez le chien.
- Des réactions de crainte et/ou d'agressivité peuvent être provoquées par la vue d'une blouse blanche, par exemple chez le vétérinaire.
- Ne vous approchez pas de chiens inconnus les bras levés ou en gesticulant ou en frappant des pieds.
- Lorsque vous appelez votre chien, ne le suivez pas, et surtout ne lui courez pas après ; au contraire, essayez de vous éloigner de lui en l'appelant.
- Une récompense ou un reproche (pas trop violent !) peuvent être compris par le chien à condition qu'ils suivent immédiatement le comportement visé.
- Rappelez-vous que le chien est un animal social. Ses comportements ont des motivations caractéristiques de son espèce, et donc profondément enracinées en lui, auxquelles s'ajoutent celles déterminées par le milieu dans lequel il vit. C'est pourquoi il est nécessaire de lui consacrer, outre des soins et de l'affection, beaucoup de temps et de patience pour l'éduquer du mieux possible, en utilisant des systèmes de communication corrects.

En général, il ne faut pas utiliser de punitions violentes : il suffit d'un « non ! » décidé ou d'une attitude indifférente pour lui faire comprendre qu'on désapprouve son comportement. Les éléments fondamentaux sont la patience et la fermeté, tant avec le chiot qu'à l'égard du chien adulte, qui aura peut-être à « désapprendre » certaines réactions avant d'apprendre les bonnes. Une communication correcte est, de toute façon, à la base d'une bonne éducation, qui est à son tour la condition indispensable pour obtenir un rapport heureux et satisfaisant pour l'homme comme pour l'animal.

COMPORTEMENT ET APTITUDES

Beaucoup de gens ressentent fortement le besoin d'un animal domestique. Les enfants en particulier éprouvent de nombreuses satisfactions à se « confier » à ce genre de compagnon et, tôt ou tard, ils réclament un chiot. Le chien appelé à devenir l'animal du foyer doit posséder certaines qualités.

Il doit être adaptable, désireux de faire plaisir, gentil, mais aussi courageux et indépendant.

Le Labrador possède toutes ces qualités, avec en plus une intelligence qui lui permet d'apprendre facilement et d'affronter de nombreuses situations différentes en réagissant de manière adéquate. Il est instinctivement propre, ce qui est très appréciable à la maison, et ce n'est pas un chien nerveux, agressif. Il aime rester en compagnie des membres de la famille, tout en restant tranquille quand on le laisse seul. Il ne pose aucun problème de nourriture et a été sélectionné pour sa constitution forte et robuste.

Le Labrador est capable de devenir un merveilleux ami s'il est traité de façon à gagner

La joie est le trait de caractère typique du Labrador et elle est à la base de son dressage

la confiance de son maître ; il comprend ses exigences et collabore grâce aux ordres qu'on lui donne et à différentes initiatives.
L'obéissance forcée n'est cependant pas la meilleure des méthodes à utiliser si le but est d'instaurer un rapport amical ; pour obtenir des résultats positifs, en particulier avec un Labrador, mieux vaut utiliser un rapport d'amour et de respect.
La nature vraiment exceptionnelle de cette race peut être appréciée au travers de la vaste gamme de services qu'il rend à l'homme. En voici un petit résumé.

Rapport, assistance aux personnes handicapées : aucune race ne s'adapte aussi bien que le Labrador

CHIEN DE CHASSE

La chasse, après son premier emploi dans la pêche à la morue, est l'utilisation principale pour laquelle cette race a été sélectionnée. Cet emploi est à la base du standard qui confère au Labrador ses caractéristiques de santé, de longévité, de sportivité, lesquelles se concrétisent en : thorax développé et donc forte capacité pulmonaire, pied fermé « de chat », pour éviter les épines dans la bruyère, cou fort et puissant pour nager avec sa proie dans la bouche, pendant le rapport hors de l'eau, queue « de loutre » qui lui sert de gouvernail et double robe pour se protéger du froid et de l'eau, ainsi que – d'abord et

Champion de beauté américain, également excellent comme chien de chasse : Kupros Spartacus. Propr. Robbonhaar-Taylor

Le Labrador cohabite très bien avec les autres animaux

peut-être surtout – intelligence et caractère tourné vers le service de l'homme, associé à une gueule incapable de déchirer la proie ou de mordre quiconque.
Le Labrador possède toutes les qualités du chien d'eau et du Retriever. Il est très intelligent, et comprend le moindre des gestes de son maître. C'est le coéquipier idéal pour les veneurs habitués à la chasse au marais.
Ce chien robuste et plein de santé n'hésite jamais à s'élancer dans l'eau, ne serait-ce que pour aider un pêcheur à tirer son filet.
Les chiens de chasse, comme les chiens d'arrêt doivent flairer le gibier, le trouver et le signaler au chasseur. Leur instinct de poursuivre le gibier est ainsi très prononcé. Pour cette raison, leur « formation » doit être confiée à des experts. En tant que chien de rapport, le Retriever n'est en fin de compte pas un chien qui chasse ; il doit au contraire marcher calmement au pied de son maître et l'accompagner sur le terrain de chasse. Ce n'est qu'après le coup de feu que le chien est envoyé pour rapporter le gibier, mort ou blessé, de façon délicate. Lors du rapport, il ne doit pas se laisser distraire par des faisans, des canards ou des lièvres vivants.
Le Retriever a été élevé comme spécialiste du travail à l'eau. Son poil, pratiquement imperméable à l'eau, lui permet de travailler avec succès dans l'eau, même par très mauvais temps. En Angleterre, le pays d'origine du Labrador, du Golden Retriever, du Flat Coated Retriever et du Curly Coated Retriever, l'instinct inné de rapporter des trésors à la maison a été consolidé par l'élevage, en même temps qu'a été refoulée l'envie de chasser.
Les Retrievers ne doivent pas seulement rapporter le gibier

La solitude n'est pas faite pour le Labrador

tiré, mais aussi chercher d'éventuelles proies oubliées.
Afin d'entraîner le chien pour la chasse, on peut travailler en remplaçant le gibier par des « apportables ».
L'apportable (traduction de l'anglais *dummy*) est un sac de lin, solide, d'environ 50 × 10 cm qui pèse 500 g. Il remplace une pièce de gibier et flotte sur l'eau. On peut aussi envoyer des apportables à l'aide d'une sorte de fusil (*dummy launcher*). En Grande-Bretagne, dans les premiers temps, le travail sur apportables était une façon de préparer le chien pour son futur rôle de « rapporteur ».
Depuis, le travail sur apportables s'est diversifié et est devenu une discipline à part entière.
On ne peut cependant pas tester toutes les qualités d'un bon chien de chasse en ne travaillant que sur apportables ; mais bien des éléments peuvent ainsi être contrôlés.
Les personnes qui ont l'ambition de faire des concours peuvent participer à des épreuves sur apportables : les « working tests ».
En plus des working tests qui imitent les scènes de chasse en remplaçant le gibier par des apportables, il y a encore les épreuves sur gibier froid (gibier déjà mort) et sur gibier chaud (gibier vivant) : les field trials.
Les field trials sont des concours de chasse organisés afin de mettre en valeur l'instinct et le dressage des chiens.
Lors d'un field trial A « à la française », le chien peut être tenu en laisse, mais ne doit pas tirer.
L'épreuve la plus difficile est le field trial A « à l'anglaise », car le chien est sans laisse durant toute l'épreuve.
En Grande-Bretagne, on ne connaît que les field trials où tous les chiens travaillent sans laisse dans toutes les classes.

RÈGLEMENT GÉNÉRAL DES FIELD TRIALS POUR RETRIEVERS

A) But
La finalité des field trials est l'amélioration des Retrievers par la découverte et la sélection sur le terrain des meilleurs représentants de chaque race faisant preuve de sagesse en battue, de marking, d'entreprise, de courage, de nez, de persévérance, d'une bonne charge et d'un retour rapide pour les signaler à l'attention des éleveurs en leur accordant le titre de Trialer.
(…)

Règlement particulier des field trials pour retrievers
Les field trials pour Retrievers devront respecter strictement les modalités suivantes.

Article 1
Ces épreuves qui doivent être à l'image de la chasse pratique se déroulent sur tout gibier, plumes et poil. Elles ont pour but de récompenser les meilleurs chiens, susceptibles de donner la meilleure image de leur race, en particulier par leur passion de la chasse, leur qualité de nez, de marking, d'entreprise, d'initiative et leur aptitude à recevoir un dressage poussé, pour prouver leur efficacité dans leur style.

(…)

Article 9
Le chien devra être calme et intéressé pendant la battue. Il fera preuve de marking, le juge devant exploiter cette qualité.

Seront considérées comme fautes de dressage éliminatoires :
– continuer de chasser avec un gibier en gueule ;
– aboyer ou geindre à plusieurs reprises ;
– partir sans ordre ;
– poursuivre le gibier non blessé ; néanmoins s'il s'arrête à la première injonction, ceci sera considéré comme faute mineure.

Seront considérées comme fautes majeures :
– gêner le tir par manque de calme au pied ;
– chien partant sans ordre une fois, et revenant à la première injonction ;
– conduite bruyante.

Seront considérées comme fautes mineures :
– ne marche pas au pied, en ligne ou en battue marchante ;
– gémit accidentellement pendant la battue, poursuit le gibier non tiré et s'arrête à la première injonction.

Le tout laissé à l'appréciation du jury.

Article 10 – Recherche et rapport du gibier
Chaque chien devra rechercher dans le style de sa race. L'allure devra être énergique et soutenue en tenant bien compte de la nature du terrain, le chien devant toujours rester en contact avec son conducteur.
(…)

Seront considérées comme fautes éliminatoires :
– refus de rapport sur tout gibier, sauf en cas de gibier trop abîmé ;
– refus de l'eau ;
– agressivité ;

– dent dure (crocs marqués dans le gibier, os brisé, le tout laissé à l'appréciation des juges) ;
– partir sans ordre ;
– sortir de la main ;
– refus de la ronce et de l'ortie ;
– changer de gibier en cours de rapport (nécessité pour le jury d'en avoir l'évidence) ;
– peur du coup de fusil ;
– contact physique avec le chien pendant la battue.

Seront considérées comme fautes majeures :
– attendre inutilement l'ordre du conducteur ;
– manque de marking ;
– ne pas trouver un gibier ;
– passer à côté sans aucun coup de nez, ceci nécessite soit l'évidence à vue soit le rapport par un autre chien ;
– conduite bruyante et désordonnée ;
– poser (*) ;
– poser pour s'ébrouer en sortant de l'eau ;
– crache et ne délivre pas en main ;
– travail mou et/ou manque d'initiative ;
– mauvais contrôle du chien et/ou dérange inutilement le terrain ;
– Eye-Wipe. (Définition : une occasion non utilisée de retrouver et rapporter un gibier qui est retrouvé ensuite par un autre chien envoyé dans les mêmes conditions, ou est ramassé par les juges ou sur leur ordre);
– First Dog Down. (Définition : une opportunité non utilisée de retrouver et rapporter un gibier blessé, ou supposé tel, que l'on estime récupérable).
Le chien doit absolument avoir marqué le gibier pour lequel il est immédiatement envoyé au rapport. Ce gibier n'est retrouvé ni par le chien désigné, ni par d'autres chiens, ni ramené par les juges ou sur leur ordre.)
Commentaire : l'action pénalisée est en fait une pièce de gibier perdue par la faute du concurrent qui a eu l'avantage de pouvoir travailler dès la chute du gibier au lieu d'attendre la fin de la battue, quand le travail est beaucoup plus difficile.
La dernière phrase est une précision pour faire la différence avec le Eye-Wipe où le gibier est retrouvé par d'autres chiens.
Le chien pénalisé d'une faute majeure ne peut prétendre au qualificatif « Excellent ».
Deux fautes majeures identiques seront considérées comme une faute éliminatoire.

Seront considérées comme fautes mineures :
– charge mal ;
– pose sans lâcher (le gibier blessé ne peut pas s'enfuir) ;
– mâchouille ;
– se vide et souille le terrain pendant le travail ;
– timide à la ronce et aux orties ;
– perd du temps ;
– entrée dans l'eau bruyante, sauf s'il y est obligé (il sera préféré une entrée dans l'eau discrète) ;
– poursuivre le gibier et s'arrêter à la première injonction.

Le tout laissé à l'appréciation du jury.

(*) Pour que le gibier soit considéré comme posé, la bouche du chien ne doit plus être en contact avec le gibier qui peut ainsi s'enfuir s'il est blessé.

• Présentation à la française

Article 1

Le chien est tenu en laisse pendant le tir.

Article 2

La laisse ne doit jamais servir.

Article 3

La sagesse absolue est nécessaire pour prétendre au CACT.

Article 4

Les chiens ayant obtenu 3 CACT leur permettant de postuler au titre de « champion de travail » à la française ne pourront plus concourir dans cette discipline. Ils devront être présentés à l'anglaise.

Article 5

Un chien pourra postuler au titre de champion de travail à la française avec 2 CACT obtenus à la française et un CACT obtenu à l'anglaise. Ce dernier CACT (ou la RCACT si le chien classé avant lui a déjà 3 CACT à l'anglaise) ne pourra être utilisé pour l'obtention du titre de « champion à l'anglaise ».

• Présentation à l'anglaise

Article 1

Le chien présenté à l'anglaise en battue se tient à 3 m de son conducteur.

Article 2

Un chien ayant obtenu un CACT à l'anglaise ne pourra plus être présenté à la française.

(...)

Pour un Labrador, toute occasion de jouer avec l'eau est bonne

CHIEN POLICIER

Il est employé pour la recherche et le sauvetage de personnes disparues et pour la recherche de drogue, mais aussi d'engins incendiaires, de mines, d'explosifs et autres armes à feu.
Ce sont les mêmes qualités de recherche menée avec bonne humeur et infatigablement, de flair développé et de gueule incapable de mordre, sans oublier l'envie de contenter son maître et dresseur, qui font du Labrador un excellent chien antidrogue et chien de catastrophe, envoyé à la recherche de disparus sous les décombres.
On voit de plus en plus de Labradors dans les aéroports, flairant soigneusement les bagages car, contrairement aux Bergers allemands, du fait de leur caractère affable et bien disposé, ils se montrent plus pondérés et ont une aptitude à la recherche plus calme et prolongée que cette dernière race. Contrairement à ce qu'on pourrait croire, le dressage ne se fait pas en maintenant le chien « dans l'abstinence », mais en exploitant sa grande souplesse de caractère associée à un flair hors du commun.
De fait, si un Fox Terrier possède environ 145 millions récepteurs olfactifs dans le nez, un Tracker (chien de trace) – catégorie à laquelle le Labrador appartient de plein droit – en a presque le double.

CHIEN GUIDE DE MALVOYANTS

La fonction de chien guide d'aveugles est l'une des plus importantes, pour ne pas dire la plus noble, qui puisse être confiée à un chien. On a découvert que les Labradors étaient plus adaptés que n'importe quelle autre race à cette tâche. En Grande-Bretagne, on les désigne par le nom de *guidewell*, et une femelle exerçant ce rôle a gagné le

Grâce à son caractère joyeux, le Labrador est capable de suivre une piste très longtemps

Le Labrador est attentif et affectueux en compagnie des personnes les plus vulnérables

premier prix d'un concours de beauté. Cela parce que les Anglais, conscients que le rapport chien-personne aveugle est vital, y compris pour les relations sociales de l'aveugle, choisissent de beaux chiens qui attirent les regards et les compliments des gens.

Sachant que, dans la plupart des pays du monde, il est permis aux chiens d'accompagner les aveugles dans tous les lieux publics, un bon sujet doit savoir répondre aux règles suivantes :

– garder une allure droite, en ignorant les distractions telles qu'odeurs, autres animaux et personnes ;

– conserver un pas constant, à gauche et légèrement devant la personne qui le conduit ;

– s'arrêter devant chaque marche ou obstacle et attendre l'ordre de continuer à avancer ;

– tourner à gauche et à droite, avancer et s'arrêter au commandement ;

– reconnaître et éviter les obstacles impossibles à franchir pour son conducteur, tels que les passages trop étroits, les obstacles surélevés (ce qui est presque invraisemblable tellement c'est difficile !) ;

– s'arrêter en haut ou en bas d'un escalier en attendant l'ordre de continuer ;

– amener son conducteur près des boutons d'appel de l'ascenseur et, à l'intérieur, près des boutons d'étage ;

– s'allonger tranquillement quand son conducteur est assis ;

– l'aider à monter dans le bus, le métro ou toute autre forme de transports en commun (pour les longs voyages en avion, le chien est admis dans la cabine passagers après avoir subi un traitement antidiurétique) ;

– répondre à un certain nombre d'ordres verbaux, parmi lesquels celui de faire ses besoins sur commande.

Contrairement à un apprentissage normal de l'obéissance, le dressage du chien guide d'aveugles n'utilise pas la nourriture en tant que récompense d'un comportement correct, cela parce que le

Les chiens d'aveugle sont entraînés à faire leurs besoins sur commande

chien devra travailler sans se laisser distraire, y compris en présence de nourriture. L'habileté la plus impressionnante de ces chiens est peut-être celle de la « désobéissance sélective », c'est-à-dire la capacité, presque humaine, à tempérer leur obéissance en fonction des situations.

Le couple chien-conducteur travaille en symbiose, ce qui signifie que le chien ne guide pas complètement le conducteur et que le conducteur ne contrôle pas complètement le chien.

Dans le cas d'une destination inconnue du chien, celui-ci suit les instructions de son maître sur l'endroit où tourner et jusqu'où aller alors que, dans le cas de destinations familières, il suffit au conducteur de donner un ordre précis comme « va au bureau » ou « va au café ».

Ces capacités du Labrador sont en partie innées, mais sont également le fruit d'un long dressage qui commence à un très jeune âge, lorsqu'ils sont séparés de leur mère.

Les chiots sont d'abord confiés à des volontaires appelés *puppy raisers* (« éducateurs de chiots ») qui doivent leur apprendre les règles de base de l'obéissance, les socialiser en leur faisant rencontrer beaucoup de gens et en les emmenant partout, et leur donner tout l'amour et toute l'attention dont ils ont besoin pour devenir des chiens confiants, équilibrés et heureux, prêts à être dressés en tant que chiens accompagnateurs d'aveugles.

Fondamentalement, ces éducateurs donnent les bases, y compris émotionnelles, pour le travail de dressage suivant et c'est pour cette raison qu'on choisit le plus souvent des éducateurs très jeunes, qui s'engagent davantage sur le plan émotionnel, avec l'animal.

Normalement, le chien reste avec l'éducateur volontaire pendant environ un an ; après quoi, il est dressé pendant six mois par un dresseur professionnel avant d'être confié à son conducteur aveugle. Il est remarquable que ces jeunes éducateurs volontaires sachent renoncer – pour le bien des aveugles – aux animaux qu'ils ont élevés avec tant d'amour.

CHIEN DE SERVICES

Cette appellation indique les chiens en mesure de répondre à une large gamme de nécessités et de besoins : assister les personnes handicapées, paraplégiques, tétraplégiques, épileptiques, les enfants affligés de troubles émotionnels graves et les personnes en long séjour hospitalier. En Europe et aux États-Unis, on trouve plus de 5 000 chiens dressés dans cette optique. Les principaux services consistent à :

– porter et amener le journal, le sac de courses, le téléphone mobile et tout ce qui peut être nécessaire à une personne dont la mobilité est réduite (ils sont en mesure de saisir des objets dont la taille ne dépasse pas celle d'une pièce de 5 centimes d'euros) ;
– ouvrir ou fermer les portes avec les pattes antérieures ;
– pousser le bouton de l'ascenseur ;
– allumer la lumière en tirant sur un cordon ;
– amener sa chaise roulante à la personne et l'aider à s'y installer ;
– aider une personne à se changer en lui amenant ses vêtements ;
– aider à faire la lessive en remplissant la machine à laver et en actionnant les boutons ;
– ouvrir le réfrigérateur et amener la nourriture ou la boisson demandée.

Une mention spéciale doit être accordée aux Labradors qui parviennent à ressentir à l'avance l'arrivée d'une crise d'épilepsie chez leur maître. Dans de telles circonstances, ils font allonger leur maître,

Si le Labrador n'est pas accueilli à la maison, il ne peut pas apprendre les « bonnes manières »

actionnent l'alarme téléphonique, amènent les médicaments d'urgence et, pendant l'attaque, se couchent sur leur maître pour éviter qu'il ne se fasse mal en faisant des mouvements brusques. On ne connaît pas vraiment le mécanisme qui permet à ces chiens d'accomplir ces petits miracles, mais on sait qu'il dépend beaucoup du lien entre le chien et son maître et qu'il faut du temps pour qu'il se développe.
Roger Reep, neurologue en Médecine Vétérinaire à l'Université de Floride, théorise sur le fait que ce chien possède un odorat 300 fois supérieur à celui de l'homme et qu'il enregistre les changements d'odeur corporelle de son maître dus à l'activité électrique du cerveau qui règle le système nerveux sympathique.

CHIEN POUR MALENTENDANTS

Ce sont des chiens dressés à alerter les individus malentendants, jusqu'à la surdité profonde. Ils doivent être en mesure de faire la distinction dans une grande gamme de sons, parmi lesquels les pleurs d'un enfant, la sonnette d'une porte de maison, la minuterie du four, le téléphone, une alarme incendie sonore, un appel à voix haute et le bruit d'un intrus dans la maison, car les malentendants sont souvent la cible des voleurs.
Cette liste de tous les services que le Labrador peut rendre à l'homme donne une idée de l'exception de la race. Dernièrement, dans la tragédie des tours jumelles de New York, les Labradors ont joué un rôle important aux côtés des hommes dans les opérations de secours, et leur courage et leur abnégation dans ces conditions catastrophiques ont été primés par les autorités fédérales.

Un chien dressé pour les malentendants est en mesure de distinguer différents sons et d'agir en fonction d'eux

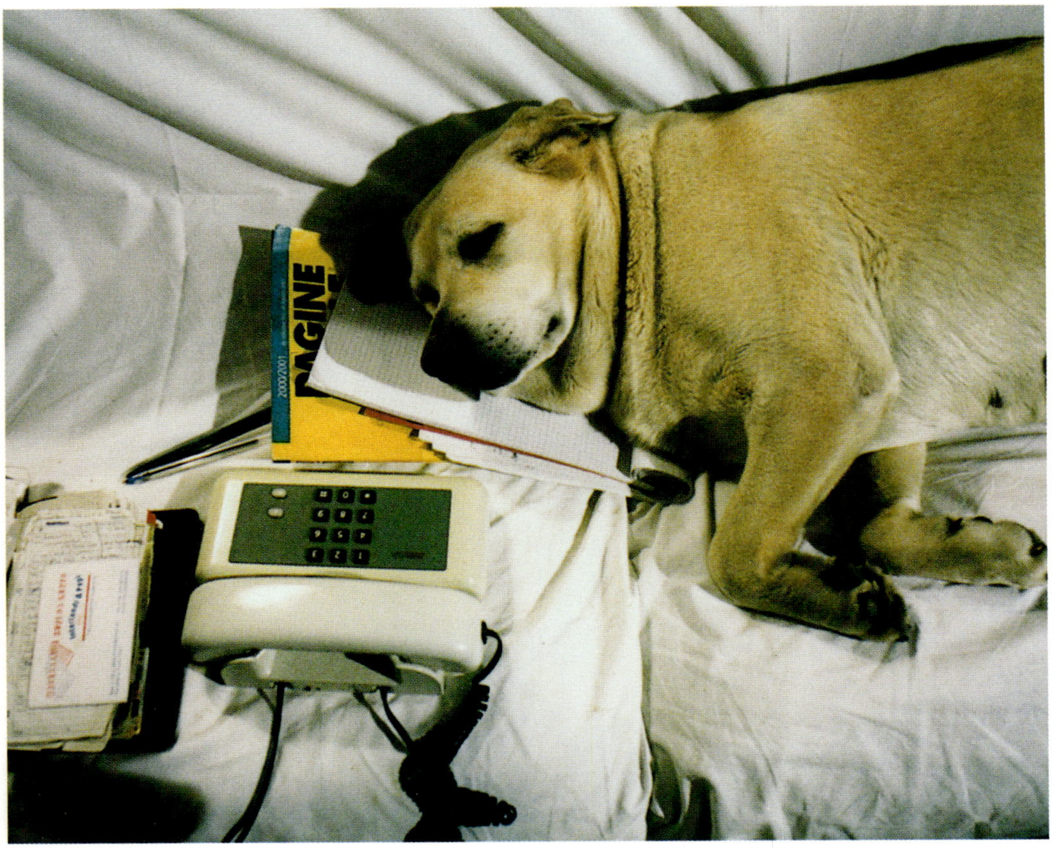

UNE LONGUE COHABITATION

Le seul rôle auquel le Labrador n'est pas adapté est celui de chien « ornemental », symbole de prestige, ou celui de chien de garde.
Avant de prendre un chien, il faut tenir compte du fait qu'un chiot Labrador boit presque un litre de lait par jour et mange 300 grammes de viande, tout en exigeant au moins une bonne promenade par jour, dont une partie au moins sans laisse. Il a aussi besoin d'une bonne niche où il puisse bouger un peu, ou d'une maison suffisamment grande, pour que sa queue ne vienne pas balayer périodiquement tout ce qui est posé sur les tables.

Contrairement au Berger allemand, le Labrador développe une recherche moins intense mais plus prolongée, ce qui s'avère utile quand il doit repérer des blessés dans les décombres ou sous la neige, ou qu'il doit plus simplement trouver des truffes

Les chiots doivent être nourris trois ou quatre fois par jour et disposer d'un endroit où ils puissent bouger à l'aise ou d'un jardin ; ils ont besoin de compagnie et de stimulation ; il ne faut pas les enfermer seuls dans une maison toute la journée !
Il faut aussi prendre en compte certains besoins physiologiques du chien adulte. Les mâles grandissent jusqu'à environ 55 cm au garrot et pèsent environ 35 kg, tandis que les femelles sont légèrement plus petites (respectivement 52 cm et 32 kg).
Dans le choix, il faut prendre en compte les caractéristiques de la race en fonction de ses exigences : si l'on désire l'agressivité d'un chien de garde, le Labrador n'est pas adapté.
Si l'on permet à l'animal d'être un « individu » et de ne pas craindre la soumission, on développera un respect réciproque.
Le Labrador a tendance à être tellement câlin que le seul véritable risque est de le gâter exagérément et de lui céder tout ce qu'il désire. Il n'est pas toujours facile d'atteindre une compréhension mutuelle entre le chien et l'homme ; entre autres choses, il est nécessaire de passer beaucoup de temps ensemble.
Contrairement aux autres races, le Labrador a été sélectionné et élevé de façon à présenter une forte constitution, ce qui lui permet de vivre longtemps (14 ou 15 ans, voire plus) en bonne santé ; inévitablement, cependant, surgissent les problèmes de la vieillesse, avec la responsabilité de devoir prendre soin d'un chien âgé qui, progressivement, devient plus lent, a tendance à se lever plus difficilement et à ne pas accourir quand on l'appelle.
Arrivera le jour où vous devrez décider de l'euthanasier ou de le laisser continuer à passer d'une maladie à l'autre. Mon avis personnel est que, tant que le chien ne souffre pas et qu'il peut vivre correctement, se nourrir, boire et marcher sans difficulté, il peut encore être un ami fidèle.
En Grande-Bretagne, on enregistre environ 18 000 Labradors à l'année : une popularité remarquable pour un pays berceau de tant d'autres races canines.
La raison en est très simple : chasseur, enfant, non-voyant et tout autre type de personne, le choix du Labrador ne décevra jamais celui qui veut avoir un chien qui permette un rapport parfait maître-animal. Tant physiquement que psychologiquement, c'est l'archétype du chien : beau, élégant, sain, doux, intelligent, affectueux et affable.
Il surpasse tous ses rivaux !

UN PAYS DÉVOUÉ AUX LABRADORS

Grâce au grand nombre de Labradors présents sur le territoire anglais et à une tradition très ancienne, on trouve en Grande-Bretagne plusieurs services absents en Europe continentale. L'un d'eux est le fait d'organisations bénévoles qui se consacrent au secours et à l'adoption des Labradors. Beaucoup de chiens qui finissent dans ces associations sont abandonnés par des maîtres qui ne peuvent plus les garder pour différentes raisons. Le plus souvent, il s'agit de sujets sains et bien traités.
Ce travail est accompli par des organisations comme UK Labrador Lifeline Trust qui ne comptent que sur la générosité de donateurs et sur des bénévoles dévoués qui rendent à la race du Labrador un service notable, souvent insuffisamment pris en compte.

LE CHOIX DU CHIOT

UN CHIEN D'EXPOSITION, DE CHASSE OU DE COMPAGNIE POUR LA FAMILLE ?

Venons-en au choix du chiot. Souhaitez-vous que votre Labrador soit l'animal du foyer, un chien de travail, ou encore d'exposition ?

Même si les meilleurs chiens d'exposition, comme les Poolsteads en Grande-Bretagne, sont régulièrement emmenés à la chasse, il y a une nette différence entre les lignées de travail et d'exposition. Là où on ne pratique pas la chasse en « battue » (ce que les Anglais appellent la « chasse noble »), le type de proie et le terrain ne requièrent pas un chien de rapport exceptionnel et l'élevage s'est alors spécialisé davantage sur la qualité morphologique du type et moins sur le chien de travail proprement dit. Les clubs de race proposent toutefois des cours pour les deux types de chien. Si vous voulez acquérir un bon chien de chasse, vous devrez aussi vous demander qui

Un compagnon d'enfance idéal : le Labrador est peut-être le seul chien, parmi toutes les races, complètement fiable avec les enfants (photo Visintini)

s'occupera de son dressage et, une fois dressé, qui s'occupera de conserver le niveau obtenu : seul un entraînement régulier permettra de conserver un sujet parfait.

Beaucoup de gens qui vont en Écosse pour y passer quelques jours de vacances à la chasse s'étonnent des prestations des Labradors avec leurs conducteurs ; ils ne se rendent pas compte de l'importance du dressage qui en est à la base : pendant la saison de la chasse, le chien sort presque tous les jours ! Un chiot destiné au travail doit être très vif, participer à tout ce qui se passe autour de lui ; il sortira du box le premier, ira chercher tous les jouets et les rapportera, sans pour autant être le chiot le plus beau de toute la portée. Si vous voulez participer à des expositions canines avec votre chien, vous devrez contacter un éleveur connu qui sache par expérience déceler le potentiel de sa portée, même si personne ne peut vous garantir un champion. Essayez toujours de voir les parents du chiot et, s'ils ne sont pas là, demandez à voir des photos. Quel que soit votre choix, rappelez-vous que vous ramènerez chez vous un compagnon pour les quinze prochaines années ; votre engagement initial ne représentera qu'un petit pourcentage par rapport à celui des années futures.

La qualité de l'animal influencera son prix et vous devez être prêt à payer plus cher un bon chien d'exposition. Si vous voulez présenter votre Labrador en exposition, même si vous ne souhaitez pas initier un élevage, vous pourrez aller trouver un éleveur dont les chiens remportent des succès sur les rings d'exposition. Cela dit, même en présence de reproducteurs exceptionnels, il est difficile de choisir le « meilleur » élément d'une portée.

Si vous voulez être sûr d'avoir un chien d'exposition entre les mains, vous devrez acheter un chiot un peu grand, déjà âgé de cinq mois environ. À cet âge, il aura déjà complété sa dentition, qui pourra donc être contrôlée, il aura été vacciné et ne subira plus de changements drastiques au niveau de sa morphologie et de sa taille. En priorité, vous devrez toutefois chercher un Labrador sain, au bel aspect et adapté en tant que chien de

Dans une bonne portée, la qualité des chiots doit être uniformément bonne

compagnie, sans vous faire trop d'illusions sur la possibilité de remporter le premier prix en exposition, en tout cas pas tout de suite !

Rappelez-vous tout de même qu'un chien champion ne sera pas obligatoirement plus doux et meilleur compagnon qu'un autre, moins parfait.

MÂLE OU FEMELLE ?

On me demande souvent conseil sur le choix entre un chien mâle ou femelle.

Avec une femelle, vous aurez sans doute des soucis dus aux chaleurs ; s'il y a un chasseur dans la famille et que vous ne souhaitez pas avoir plus d'un chien, préférez un mâle, qui ne connaîtra pas de faiblesse physique en milieu de saison de chasse, comme cela peut arriver à une femelle.

Pour ceux qui recherchent uniquement un compagnon de vie, je suggère plutôt une femelle : son caractère est plus doux et elle aime beaucoup son foyer ; elle a un tempérament moins vagabond que celui d'un jeune mâle, qui furète à la recherche de « conquêtes », entraînant un certain nombre de problèmes pour son maître.

Une vieille théorie dit que tout chien femelle devrait obligatoirement avoir au moins une portée, mais c'est une opinion très discutable : ainsi, si vous n'avez pas envie de vous occuper d'une portée et que vous n'avez aucune certitude de réussir à placer tous les chiots, ni la possibilité de leur apporter les soins nécessaires, il n'est pas conseillé de faire saillir votre femelle.

J'ai connu beaucoup de Labradors femelles qui n'ont jamais été accouplées et qui ont mené une vie saine et joyeuse jusqu'à un âge avancé et je ne conseille à personne de se lancer dans l'aventure d'une portée de chiots s'il ne le souhaite pas vraiment.

À propos de la stérilisation, disons d'emblée que c'est un choix tout à fait acceptable. Il faut cependant attendre que la femelle soit complètement développée avant de la stériliser et laisser passer au moins deux chaleurs avant qu'elle n'arrive à sa pleine maturité. Les chiens guide d'aveugles sont, presque sans exception, des fe-

melles stérilisées et on a pu se rendre compte que la stérilisation n'avait aucune incidence sur leurs bonnes dispositions, leur santé, leur comportement ou leur aptitude au travail.
Les chiennes utilisées pour la reproduction doivent répondre à certains critères, tant physiques que psychiques : celles qui ne correspondent pas pleinement à ces caractéristiques ne devraient pas être prises en compte pour la reproduction.
Les reproductrices doivent être saines et résistantes, sans défauts morphologiques, organiques ou héréditaires.
En outre, elles doivent avoir bon caractère. Les sujets nerveux ou au caractère difficile ne doivent pas être utilisés pour la reproduction.
Avant l'accouplement, les chiennes doivent être dans les meilleures conditions physiques générales, être en très bonne santé et suivre un régime alimentaire riche, avec un supplément en protéines. Dans l'ensemble, les chiennes figurent parmi les animaux les plus placides et les moins enclines au vagabondage, sauf lorsqu'elles sont en chaleur.
À cause des dangers de consanguinité, il est absolument déconseillé d'acquérir un chien mâle et sa sœur, faisant partie de la même portée.
Si vous désirez avoir deux Labradors, et si possible les accoupler plus tard, je vous conseille d'acheter d'abord la génitrice puis, en suivant les conseils de l'éleveur (qui connaît ses portées), d'acquérir un mâle génétiquement complémentaire de votre reproductrice, ce qui vous permettra de produire des chiots « typiques ».

LE CHOIX DE LA ROBE

La couleur du poil est le deuxième point à prendre en compte. On trouve trois couleurs de robe chez le Labrador : noir, jaune et chocolat. Le choix de la couleur est simplement dicté par les préférences individuelles et la disponibilité. La couleur du poil n'a aucun effet sur le caractère et les aptitudes de l'animal.
Pour éviter tout équivoque, je dirai tout de suite qu'il n'existe pas de race de Labrador doré (ou « golden »). Le terme « jaune » recouvre toutes les nuances, qui vont du crème pâle au jaune-fauve. C'est après la Seconde Guerre mondiale que les Labradors jaunes ont commencé à se répandre et à connaître un succès grandissant. Il semble que la couleur jaune soit maintenant la préférée des Français, du moins en ce moment. Peut-être parce que les expressions d'un Labrador jaune sont plus visibles. La présence d'un poil d'une autre couleur que le jaune, noir ou chocolat, indique simplement que le chien n'est pas un Labrador.
Quelquefois, les meilleurs plans sélectifs mis au point par les éleveurs ne fonctionnent pas : cela peut arriver en génétique, avec pour résultat que différentes caractéristiques du passé apparaissent chez le Labrador actuel. Des taches noires sur un Labrador jaune sont vraiment rares mais, lorsqu'elles apparaissent, elles sont le signe d'un schéma génétique précis et il est possible que, dans le passé, il y ait eu un croisement avec un Foxhound. Dans son livre sur les Labradors, Lady Howe parle de la présence de bandes noires sur un Labrador jaune ; elle cite en outre les pouces blancs et relie ces défauts à la présence génétique de son double champion (double car à la fois champion de beauté et de travail), Banchory Bob. Il arrive parfois que des chiots, qui devraient être complètement noirs, laissent apparaître subitement quelques poils blancs, prenant un aspect poivre et sel, qui a toutefois tendance à s'assombrir.
Autrefois, lorsque le Labrador était utilisé surtout comme chien de chasse, la couleur noire était souvent préférée, pour éviter que la lumière de la lune ne se reflète sur l'animal pendant la chasse au canard.
La seule réserve à propos des chiens noirs concerne la chaleur. Souvent, dans les expositions canines en Grande-Bretagne, on voit leurs propriétaires se précipiter pour les couvrir d'une serviette humide afin de les protéger de la chaleur du soleil, pourtant relativement faible sous ces latitudes. Un chien noir doit posséder une très belle morphologie pour plaire, ne pouvant compter que sur sa forme et son profil.
Le chien noir met également plus de temps à se « faire » : Mary R.Williams, surnommée « Mary la Noire » à cause de sa lignée de chiens noirs Mansergh, dit que la tête d'un chien noir met plus de temps à atteindre son développement total.
Du point de vue de l'éleveur, la couleur particulière de la robe n'est que l'un des nombreux facteurs génétiques à prendre en compte.
Les Labradors jaunes et les Labradors chocolat ont été élevés dès les origines de la race. Une fameuse souche de la race, le

Il faut respecter le besoin de repos des chiots

Ch. Banchory Bob, noir, a produit de très beaux chiens jaunes, et beaucoup de Labradors actuels remontent à ce chien ; on sait ainsi que la couleur jaune peut sortir d'une généalogie noire. Lorsqu'un chiot chocolat est produit par un géniteur de même couleur et un autre jaune (rare), on remarque souvent que sa couleur est un peu plus claire que celle d'un chiot dont l'un des géniteurs est noir et l'autre chocolat.
Madame Pauling (élevage de Cookridge) soutient que les chiens chocolat mûrissent eux aussi plus lentement que les jaunes et que leurs yeux continuent à s'assombrir jusqu'à l'âge de douze mois environ. Mais on rencontre trop souvent l'œil jaune « de sémaphore » avec cette couleur de robe.

Quelques remarques sur la génétique et sur la couleur du poil sont de rigueur : les gènes fonctionnent en couple, l'un est hérité du père, l'autre de la mère ; ils opèrent en groupe, ou seuls, ou en combinaison avec un autre couple de gènes, déterminant les caractéristiques de chaque individu. Ils sont fondamentalement de deux types : dominants ou récessifs.
Le gène dominant est assez fort pour influencer seul les caractéristiques, tandis que le gène récessif manifeste une influence perceptible uniquement lorsqu'il est accouplé à un autre gène récessif.
Le poil noir est un caractère dominant, tandis que le poil jaune est récessif. Les Labradors noirs ont deux gènes dominants noirs ou un gène dominant noir et un récessif jaune ; le schéma génétique peut être supposé en retraçant la ligne héréditaire ou par l'apparition subite d'un sujet jaune.
Cela ne peut advenir que lorsque la lignée maternelle et la lignée paternelle cachent le gène (récessif) jaune. Le Labrador noir peut être porteur de la couleur jaune dans son bagage génétique et peut également produire, s'il est accouplé à un autre chien noir (qui porte lui aussi la couleur jaune cachée dans son « histoire » génétique), des chiots jaunes. Le contraire ne vaut pas pour les chiens noirs, car c'est une couleur dominante chez les Labradors. Cela signifie que le noir ne peut pas être une caractéristique cachée : si le noir est la couleur dominante, le chien se-

ra certainement noir. En résumé : tandis que le noir qui s'accouple au noir (en sous-entendant que les deux chiens sont porteurs de jaune dans leur bagage génétique) engendre des chiens jaunes ou noirs, le jaune qui s'accouple au jaune (même si beaucoup de sujets noirs sont présents dans leur pedigree) ne produira jamais de chiots noirs. Le tableau ci-contre résume bien les rapports de couleur du poil. La règle fondamentale dit : deux chiens jaunes ne peuvent rien produire d'autre qu'un chien jaune, tandis que la couleur du chiot de deux chiens noirs dépend de leur bagage génétique (qui ne dépend pas seulement de la couleur de son poil).

Géniteurs	***Portée de 8 chiots***
● × ●	8 noirs
● × ◐	8 noirs
● × ⦶	8 noirs
◐ × ◐	6 noirs et 2 jaunes
◐ × ⦶	4 noirs et 4 jaunes
⦶ × ⦶	8 jaunes

● Dominante noire pure : le chien est noir et produit uniquement des chiots noirs, quel que soit l'accouplement.
◐ Dominante noire non pure : le chien est noir, mais il peut produire des chiots jaunes s'il est accouplé avec un chien porteur de gènes jaunes.
⦶ Jaune, récessif pur : le chien est jaune même s'il y a plus de chiens noirs dans son pedigree que de jaunes. Il n'y a pas de noir dans son bagage génétique, car il ne possède pas le gène noir.

Ce tableau montre aussi la progression statistique des couleurs avec différents accouplements. Les proportions, dans les portées, peuvent varier légèrement dans un sens ou dans l'autre, mais deux dominantes noires qui s'accouplent produisent toujours et uniquement des noirs dominants, tandis que deux récessifs jaunes accouplés produisent uniquement et toujours des jaunes.
La couleur chocolat est sans aucun doute la plus difficile à obtenir.
Il existe en effet plusieurs types de coloration marron et cela crée des difficultés.
Par exemple, un chien chocolat aux yeux jaunes et aux

Trois sujets de la même lignée génétique

paupières et au nez roses possède un bagage génétique différent de celui à robe marron foncé aux yeux ambre et au nez et paupières d'un marron profond.

Une autre difficulté est que la couleur chocolat est diluée et agit comme une alternative dominante au noir sur le jaune, tout en étant récessive au noir et dominante sur le jaune. Ainsi, le chien chocolat accouplé à un autre chocolat produit une autre couleur chocolat, différente de celle produite par l'accouplement entre un sujet chocolat et un autre noir. Un accouplement chocolat et jaune produit en revanche différents types de chiots avec différentes formules génétiques.

À cause de ces problèmes, les chiens chocolat sont peu nombreux et rares, comme le sont les bons éleveurs de cette couleur. Chez un Labrador d'une belle couleur chocolat, l'œil doit être attrayant et la pigmentation correcte, accompagnée des habituelles bonnes caractéristiques d'un Labrador d'exposition.

La raison pour laquelle trois sujets chocolat seulement figurent parmi les champions de Grande-Bretagne est justement la difficulté à obtenir une couleur correcte de l'œil et une bonne pigmentation.

UNE PORTÉE TYPIQUE

Lorsqu'on observe un chiot, après avoir fait toutes les observations importantes sur sa santé et son caractère, l'aspect le plus important à prendre en compte est l'ensemble de critères que l'on exprime en parlant de « type ». Le débutant ne distinguera pas forcément un beau chiot d'un moins beau, car il n'aura pas beaucoup d'expériences sur lesquelles former son opinion.

La différence entre un Labrador et une autre race tout à fait différente, comme le Terrier, peut être faite beaucoup plus facilement qu'entre un Labrador et un Golden par exemple. Les individus d'une même race semblent tous très proches à un œil peu exercé. Peu importe les informations que l'on peut tirer de la lecture de livres et manuels sur le standard du Labrador si l'on n'apprend pas à comparer visuellement un animal à un autre.

Les éleveurs les plus expérimentés essayent d'élever une « lignée », la plus uniforme possible, et espèrent que tous les chiots, plutôt qu'un de temps en temps, paraissent le plus proche possible de leur idéal. Cet idéal se forme en fonction de l'étude du Labrador standard, en comparant différents types, bons, mauvais et indifférents, observés au cours de leur activité. Comme il est presque impossible de décrire une apparence en mots, il existe dans le standard plusieurs possibilités d'interprétation de certaines caractéristiques. C'est de cette façon que se développent, au fil des ans, certains types que l'on peut reconduire à un élevage plutôt qu'un autre. Plus les géniteurs d'une portée ont des ancêtres communs, plus la portée a tendance à être uniforme. Le type d'un élevage dépend donc de la composition génétique des géniteurs et de leurs portées.

C'est une idée erronée du débutant de croire qu'en mélangeant une femelle médiocre et un mâle exceptionnel les chiots ressembleront seulement au géniteur le mieux doté.

Il existe différentes façons d'obtenir les résultats souhaités en élevant des Labradors. Le plus drastique est le recours à la consanguinité (*inbreeding*), où les accouplements les plus étroits ont lieu entre frère et sœur, mère et fils, fille et pè-

Tout comme la couleur de la robe, le caractère ne change jamais

re. En élevage, il faut toujours avoir en tête que la consanguinité réduit le nombre des différents gènes héréditaires qui figurent dans le bagage génétique d'un chiot et que cela réduit à son tour les possibilités de variation du type.

Un système moins drastique pour atteindre ce qu'on souhaite trouver chez les chiots est l'élevage par lignées (*linebreeding*) qui prévoit toujours l'accouplement de deux parents mais qui, dans le même temps, ajoute l'introduction de sang d'une autre lignée : par exemple, une chienne accouplée au meilleur fils du plus beau de ses frères.

Un croisement libre (*outcross*) est l'accouplement de deux lignées de sang différentes, qui n'ont rien de commun génétiquement. Naturellement, il faut comprendre que ce type d'accouplement ajoute seulement quelque chose en plus, sans éliminer les caractéristiques déjà présentes. Cela dit, un éleveur devrait avoir pour but, non pas de produire un seul chiot supérieur dans une portée, mais un ensemble de Labradors de bonne qualité.

OÙ TROUVER UN LABRADOR ?

Beaucoup de Labradors qui arrivent sur le continent sont des chiens de travail éliminés des sélections anglaises pour des défauts de type nerveux ou physique ; d'autres proviennent des Pays-Bas, où ils ont été élevés comme des poulets en batterie et, une fois lâchés dans le vaste monde, s'avèrent peu résistants et immunisés contre les maladies. C'est ainsi que le tendre chiot devient bientôt un chien qui ressemble plus à un Lévrier qu'à un Labrador.

Importer un Labrador de Grande-Bretagne ou d'un autre pays peut s'avérer risqué car un éleveur peut se sentir moins impliqué dans la vente d'un chiot à un client étranger qu'il n'a jamais vu.

De plus, une fois que le chien a été expédié, les coûts – y compris ceux de vaccination, les dépenses vétérinaires, les dépenses de transport, etc. – égaleront probablement le prix que vous auriez déboursé en achetant votre chien sur place, où vous aurez de plus l'avantage de pouvoir voir les parents et le chiot et d'établir un rapport constant avec l'éleveur. Ce dernier a tout intérêt à favoriser une bonne rencontre entre le chiot et son futur maître car, si les deux en sont satisfaits, ce sera une bonne publicité pour le nom de l'éleveur lui-même.

Vous pouvez trouver les noms des principaux éleveurs dans les revues spécialisées, mais aussi auprès de la SCC qui regroupe tous les clubs de race, parmi lesquels le Retriever Club de France. Celui-ci est en mesure de vous fournir la liste de tous les éleveurs reconnus et qui répondent à tous les critères de sérieux et de compétence que vous pouvez attendre.

LA VISITE DE L'ÉLEVAGE

Vous devez être prêt à vous déplacer, y compris assez loin de chez vous : je pense ne pas m'écarter beaucoup de l'attitude de tous les éleveurs lorsque j'insiste pour que les éventuels acquéreurs se déplacent pour venir voir les chiots, et je n'en vendrai jamais un sans parler directement avec son futur maître.

Cela donne également la possibilité au futur maître d'accomplir tous les préparatifs nécessaires avant que le chiot n'arrive à la maison.

Après avoir trouvé le nom d'un éleveur de bonne réputation, fixez-lui un rendez-vous, de façon à pouvoir visiter l'élevage et discuter avec son propriétaire. Les termes « éleveur de bonne réputation » désignent un professionnel considéré comme fiable et digne de confiance dans le métier ; et si vous désirez vraiment établir une bonne relation, vous devrez aussi donner des preuves de confiance. Pour commencer, présentez-vous au rendez-vous fixé en temps et en heure ; vous seriez surpris du nombre de gens qui ne viennent pas au rendez-vous sans même se décommander auprès de l'éleveur !

Essayez de considérer ce rendez-vous comme une rencontre d'affaires et pas comme une sortie de loisirs. C'est la seule façon de respecter le travail de l'éleveur et de ne pas lui faire perdre son temps. Lorsque vous allez visiter l'élevage, assurez-vous de porter des vêtements et des chaussures propres et ne vous attendez pas à pouvoir toucher ou manipuler les chiots, car ils sont très vulnérables aux infections à cet âge-là. Au début de leur vie, les chiots bénéficient d'une relative immunité donnée par leur mère, qui di-

Le Labrador vit bien en groupe mais il a besoin d'un véritable contact avec l'être humain

minue progressivement, jusqu'à ce qu'elle soit remplacée par celle donnée par les différentes vaccinations.
Si vous avez été en contact avec un chien infecté dans les six derniers mois (par exemple, si votre chien précédent avait la maladie de Carré), prévenez l'éleveur par téléphone avant votre visite.
Je pense devoir souligner cet aspect, car l'envie de câliner les chiots est forte chez tout le monde et la demande de l'éleveur de ne pas toucher les chiots n'est pas toujours bien comprise.
Une infection sérieuse peut avoir des conséquences tellement désastreuses que l'éleveur passera de toute façon par-dessus les convenances et sa gêne éventuelle pour vous faire cette demande.
Voici quelques points importants à vous rappeler lors de votre visite dans un élevage.

• Observez la propreté des chenils et de tout l'élevage.

• Ne vous contentez pas de voir un seul chiot, amené dans la pièce dans le but de le faire admirer ; observez le comportement de la mère et aussi le comportement de la portée.

• Demandez à voir la copie du pedigree du chiot et assurez-vous qu'il n'a pas été obtenu par des accouplements strictement consanguins ; essayez de ne pas vous laisser éblouir par les publicités qui citent les noms des champions de même pedigree.

• Demandez à voir, si possible, le père (qui appartient souvent à un autre éleveur ou qui a tendance à voyager beaucoup pour être accouplé aux femelles les plus adaptées).

• Vérifiez que les chiots semblent en bonne santé, les yeux lumineux et pas larmoyants ou poisseux, le poil bien réparti, sans zones d'alopécie, l'ossature robuste et le ventre pas trop gonflé, ce qui pourrait indiquer la présence de vers. Vérifiez bien l'abdomen et assurez-vous de l'absence de hernie. Les chiots ne doivent sentir que le lait et les biscuits.

• Si vous souhaitez acquérir un chiot d'exposition, cherchez-en un dont les parents ont reçu une longue série de récompenses et rendez-vous dans les chenils qui ont très bonne réputation. Ceux qui ne se sentent pas très experts doivent se fier à l'aide que peut leur apporter l'éleveur et ne doivent pas oublier que même le meilleur des éleveurs ne peut pas toujours identifier le futur champion de la portée.

QUEL CHIOT ?

Au moment du choix final, le caractère du chien doit revêtir la plus grande importance. L'impression générale devrait être celle d'un chiot joyeux, équilibré, qui n'a peur de rien. Ne jetez pas votre dévolu sur le chiot tremblant, qui a tendance à reculer et à gémir pendant que le reste de la portée se montre entreprenant et extraverti. Essayez d'en choisir un au physique « carré », poitrine profonde et ossature solide, tête carrée et bien proportionnée, stop marqué, yeux doux, ni trop foncés, ni trop clairs (la couleur noisette associée à une grande expressivité est l'idéal), et petites oreilles pas trop lourdes ou trop basses.

Je ne peux bien sûr pas guider votre choix, mais seulement vous dire : ne choisissez pas le chiot le plus timide ou le plus nerveux, ni un qui grogne ou essaie de mordre, ni un dont le nez et les yeux sont fuyants ou qui présente des problèmes de peau. Ne choisissez pas le plus petit parce que vous avez envie de le protéger et de lui donner amour et soins, mais pas non plus le plus grand ; je vous conseille au contraire de réfléchir à deux fois avant de sélectionner le plus gros parce que vous pensez que c'est un futur champion à cause de sa grande vigueur : dans une race comme celle du Labrador, le meilleur est en général le chien de taille normale et très rarement le plus gros, celui-ci ayant tendance à devenir « trop robuste », avec le temps. Vous devez aussi prendre en compte, si vous voulez vous orienter vers le plus gros chien, qu'un chiot de taille moyenne grandira en prenant les proportions de ses parents, tandis que le plus gros les dépassera très largement.

Bien qu'un profane ait tendance à penser que la grosseur, les pattes souples et grandes, les oreilles fines sont préférables, ces caractéristiques ne sont pas appropriées pour un Labrador qui, une fois adulte, devrait avoir de petites oreilles et des pattes compactes.

Le nombre de portées parmi lesquelles faire votre choix n'est pas forcément très élevé et l'éleveur aura parfois du mal à vous offrir un large choix, supérieur à deux sujets de même sexe, cela parce qu'il veut souvent garder un chiot pour lui ou qu'il a déjà d'autres réservations.

Rappelons en outre que les chiots qui démontrent une aptitude particulière au rapport sont particulièrement adaptés aux chasseurs ; à l'inverse, les chiots particulièrement calmes seront plus adaptés aux personnes âgées.

L'éleveur pourra certainement vous conseiller le chiot qui s'adaptera le plus à vos exigences ; la meilleure des choses à faire est donc de parler avec lui et de réserver le plus tôt possible. Il peut y avoir deux ou trois chiots adaptés à votre style de vie et à votre personnalité mais, même si le vendeur vous dit que l'un est meilleur que les autres, choisissez toujours celui qui vous a attiré le plus, celui qui vous a montré sa sympathie. Vous serez beaucoup mieux avec un chiot qui vous plaît, qui vous a choisi et qui se conforme à vos exigences, plutôt qu'avec un chiot qui ne vous est pas spécialement sympathique et avec lequel « le courant n'est pas vraiment passé ».

Autrefois, je donnais aux acquéreurs de chaque chiot un document qui récapitulait les instructions concernant le régime alimentaire, les vermifuges, les vaccinations, etc. Avec le temps, je me suis rendu compte qu'il vaut mieux prendre le temps d'en discuter tranquillement, répondre aux questions et demander au futur maître de prendre des notes. Cela me semble un excellent moyen de faire disparaître les doutes et de bien ancrer les informations dans les esprits.

Au moment de l'achat, l'éleveur vous dira que le pedigree officiel vous sera envoyé après qu'il l'aura lui-même reçu de la SCC. Il faut parfois un peu de temps pour que ces documents officiels vous parviennent.

L'une des plus grosses difficultés rencontrées par un débutant est justement le pedigree. Les débutants sérieux s'aperçoivent que cette liste de noms est beaucoup plus qu'un symbole de succès mais plutôt une « recette » génétique dont

POUR ÉVALUER LE CARACTÈRE DU CHIOT

Je soumets mes chiots – parfois de manière inconsciente – aux épreuves d'aptitude suivantes, afin d'évaluer leur tempérament et d'établir quel sera leur meilleur placement à l'avenir.

Test d'émotivité
Garder le chiot serré contre soi : il doit vous lécher le visage puis se détendre.

Test de générosité
Pour vérifier que le chiot est tourné vers les autres, montrez-lui une balle ou un chiffon que vous jetterez pas trop loin. Le chiot doit aller chercher l'objet, le prendre et le rapporter ou poursuivre l'objet et revenir sans. La situation est préoccupante si le chiot se montre jaloux de l'objet et grogne si quelqu'un s'en approche.

Test de sensibilité aux sons
Pendant que le chiot regarde ailleurs, faites du bruit en secouant un trousseau de clés. Le chiot doit se tourner et regarder dans la direction d'où provient le bruit ou, en tout cas, courir faire son enquête. Il ne doit pas avoir peur du bruit.

Test de vision
Prenez le chiot dans vos bras et passez votre main devant lui, à environ 25 cm. Ses yeux doivent suivre votre main.

Test de domination/soumission
Renversez délicatement le chiot sur le dos et maintenez-le dans cette position pendant 15 secondes. L'idéal serait qu'il se débatte pendant quelques secondes avant de se relâcher. En outre, lorsqu'on fixe un chiot dans les yeux, il doit les baisser le premier. Les chiots qui luttent peu sont les plus soumis et seront heureux dans un milieu familial tranquille. Ceux qui continuent à se débattre et soutiennent le regard de l'homme sont les plus dominants et seront moins adaptés à des familles avec des enfants ou des personnes âgées.

Test de force de caractère et de magnanimité
Après le test précédent, tournez le chiot et soulevez-le en le rapprochant de votre visage. S'il vous lèche le visage, il démontre les deux qualités évoquées ci-dessus.

les noms généalogiques constituent les ingrédients.

La personne qui se trouve pour la première fois devant un pedigree n'est même pas en mesure de distinguer les mâles des femelles. Au-dessus, à gauche, on indique la lignée masculine, en commençant par le père, et la ligne maternelle figure en dessous.

Plus à droite, vous trouverez les noms des générations de plus en plus éloignées du chiot en question.

Une dénomination avant le nom (« l'affixe » dans un pedigree anglais) indique que le Labrador provient d'un élevage déterminé.

Si vous souhaitez accoupler votre Labrador à l'avenir, il est conseillé de bien connaître les noms de ces sujets qui se sont distingués dans le passé. Ce faisant, vous n'apprendrez pas seulement les noms de chiens célèbres, mais vous pourrez comprendre comment les éleveurs ont réussi à sélectionner les Labradors actuels. Lorsqu'on regarde les photos des différentes générations d'une race particulière, la répétition de certains traits aide à mieux comprendre le chiot qu'on a choisi. Évaluer une seule génération ne donne aucune indication sur sa constitution. Il ne suffit même pas de bien connaître les noms célèbres. À chaque nom correspondent des caractéristiques particulières qui seront transmises aux générations futures.

N'oubliez pas que plus le nom d'un Labrador célèbre apparaît loin dans le pedigree d'un chiot, plus faible sera son influence sur les générations actuelles. Le contenu génétique singulier sera plus important chaque fois que le même nom apparaîtra, et en particulier s'il apparaît dans les quatre « parties » des ancêtres. Il faut habituer l'oreille à faire la différence entre les différentes lignées de sang de Labradors. En ce qui concerne mon élevage, je cherche à produire un type classique, voire un peu à l'ancienne, et pas les types les plus modernes faits « en série », qui ont d'après mois le museau trop écrasé.

Pour un débutant, il sera plus facile de choisir un bon éleveur auquel faire confiance, plutôt que le bon chiot. Quant au prix du chiot, celui-ci varie aussi suivant ses ancêtres.

Ceux qui ont eu différentes portées de leurs femelles ont appris beaucoup, en particulier comment éliminer les défauts et conserver les bonnes qualités, de génération en génération.

En vertu du fait que l'expérience, sans même parler du résultat de cette expérience, se paie, l'acheteur peut comprendre qu'un éleveur demande un prix supérieur à celui fixé par un particulier qui décide de vendre une portée produite « en amateur ».

Malgré tout, n'oubliez pas que le chiot qui a les noms les plus prestigieux derrière lui ne sera pas forcément le plus adorable.

Depuis 1991, les éleveurs doivent tatouer leurs chiots. C'est une procédure indolore lorsqu'elle est effectuée sur de jeunes chiens. Le tatouage – qui doit être fait à l'intérieur de l'oreille ou de la cuisse – s'avère utile non seulement en cas de perte, mais aussi en cas d'enlèvement car il diminue les possibilités de revente. Le tatouage commence à être remplacé par l'application sous-cutanée d'un micro chip, au moyen d'une petite intervention vétérinaire.

MALADIES HÉRÉDITAIRES

La constitution de départ du chien, c'est-à-dire sa prédisposition aux maladies, est un élément important pour sa santé. C'est pourquoi vous devez parler avec l'éleveur des défauts héréditaires qu'il pourrait connaître.

Un éleveur sérieux et responsable doit assumer le fait que certains problèmes de santé dépendent de lui. Tout éleveur, avant d'organiser un accouplement, doit faire son possible pour empêcher que certains défauts héréditaires ne se propagent parmi les animaux ; il doit de plus faire de son mieux pour comprendre de quelle façon il peut contribuer à faire diminuer les défauts héréditaires qui se sont diffusés dans la race. Toute race de chien a ses propres problèmes héréditaires ; certains ne concernent que la beauté physique (comme la couleur des yeux). Les yeux clairs sont considérés comme un défaut chez le Labrador, mais rien ne permet de dire que la couleur des yeux influence la qualité de la vue : la couleur n'est qu'un choix esthétique.

Les yeux clairs ne sont pas très répandus et ne peuvent être considérés comme un défaut par rapport à la gravité, par exemple, de l'atrophie progressive de la rétine (APR). Cette maladie entraîne la cécité complète et elle est répandue chez de nombreuses races, y compris chez les Labradors anglais. La maladie apparaît le plus souvent lorsque le chien est âgé de quelques années et elle peut être diagnostiquée grâce à un examen spécialisé (voir page 173).

Une autre maladie terrible est la dysplasie de la hanche (voir page 170). La majorité des éleveurs n'accouplent que les chiens dont les parents ont été soumis à des radios de contrôle et trouvés exempts de toute trace de problème. Cela permet de réduire la transmission de la maladie. Le club de race essaie d'ailleurs de ne recommander que les éleveurs qui soumettent leurs mâles et leurs femelles à ce test.

Il est évident qu'il ne faut pas soumettre un chien clairement dysplasique à la reproduction mais, si l'articulation n'est pas parfaite, il peut tout de même y avoir d'autres arguments poussant à l'accoupler. La conformation d'une articulation est un facteur important parmi d'autres, à prendre en compte dans l'évolution d'une race mais, comme me l'a dit un jour une éleveuse anglaise qui fait autorité : « J'élève de beaux Labradors, je n'élève pas des radiographies ».

LES PREMIERS JOURS DU CHIOT À LA MAISON

Avant d'aller chercher votre chiot, assurez-vous que tout

est prêt, que vous avez discuté avec l'éleveur du type de couche adapté, de l'alimentation (ne faites aucun changement au début), de l'écuelle dans laquelle il mangera, du récipient dans lequel il boira et du lieu fermé qui l'accueillera, en tout cas au début. Arrivé au moment de ramener le chiot en voiture, étant donné que celui-ci n'aura probablement jamais marché en laisse, faites-vous aider par quelqu'un qui pourra le surveiller pendant que vous conduisez. La personne le gardera sur ses genoux, sur une serviette, et aura à portée de main un rouleau d'essuie-tout, en cas « d'accident de parcours »…

Lorsque vous voyagez avec un chiot, mieux vaut ne pas le laisser manger 4 heures avant le départ. Les chiots auront moins de difficulté à résister au « mal d'auto » le ventre vide.

Pendant son premier voyage en voiture, gardez le chiot sur vos genoux : si le voyage dure plusieurs heures, il s'endormira sans doute, bercé par le mouvement et ne se réveillera pas avant la pause. Ne vous arrêtez pas pour faire sortir le chien car, s'il n'a pas été complètement vacciné, ou s'il a été vacciné récemment, cela pourrait être un danger pour sa santé. Une infection attrapée sur une aire de repos d'autoroute peut s'avérer mortelle ou provoquer des dégâts qui affaibliront le chiot pour le restant de ses jours.

Le vomi d'un chiot ressemble aux régurgitations d'un bébé et se nettoie donc assez facilement.

Mieux vaut le laisser faire pipi sur une vieille serviette de

Façon correcte de tenir un chiot (photo Visintini)

Façon incorrecte de soulever le chiot

bain ou un chiffon plutôt que de courir le risque de le laisser sortir et de le mettre au contact d'infections qui sont aussi courantes que le plus banal des rhumes chez les hommes. En revanche, ne le laissez pas seul à l'arrière de la voiture.

Après quelques jours passés à la maison, vous pouvez l'emmener chez le vétérinaire pour une visite de contrôle général et afin que le soignant fasse sa connaissance dès le plus jeune âge.

Il faut que tous les membres de la famille, adultes et jeunes, comprennent comment soulever et transporter le chiot. Il ne doit jamais être soulevé par les pattes antérieures et son poids doit être également réparti. Le mieux est de mettre une main sur la poitrine, entre les pattes antérieurs, et de passer l'autre derrière lui ; on tient ensuite le chiot sur son avant-bras, en faisant en sorte que sa poitrine repose sur la main, son postérieur restant serré contre le corps avec le coude. Mieux vaut tendre le chiot aux enfants de la maison en leur expliquant comment le transporter en utilisant les deux bras, ou bien les faire asseoir sur le sol avec le chiot, pour être sûr qu'il ne tombe pas de haut.

Si le chiot est le chien de la maison, assurez-vous qu'il dispose d'un coin bien à lui, là où il doit vivre, afin qu'il dorme dans son panier ou sur sa couche dès le début. Il est conseillé de placer un tapis ou un panier dans chaque pièce, de façon qu'il ne se couche que sur son tapis ou son endroit à lui, et ne reste pas dans vos jambes. Évitez de l'exposer aux courants d'air et rappelez-vous que sa couche doit être un peu surélevée par rapport au sol qui ne doit pas être en marbre ou en pierre (revêtements trop froids).

Un chiot intelligent restera immobile au milieu de la pièce, voire un peu tremblant mais, si vous lui parlez à mi-voix pour le rassurer, il commencera à inspecter son nouvel environnement.

La première chose à faire lorsque le chiot arrive à la maison – et c'est valable pour un chien plus âgé – est de le laisser tout inspecter, de façon que les lieux lui deviennent familiers. Vous pouvez alors le suivre dans son tour d'inspection en faisant attention s'il laisse échapper un pipi. Si c'est le cas, amenez-le immédiatement dehors ; sinon, laissez-le continuer son petit tour. Lorsqu'il commencera à agiter la queue, cela signifiera qu'il accepte sa nouvelle maison. Il trouvera tout de suite un endroit où dormir, et cet endroit devra convenir à l'ensemble de la famille. Vérifiez que son « endroit » est approprié et qu'il est hors de portée des enfants et des adultes. Plus tard, vous ferez en sorte qu'il ait sa couverture et son fauteuil, voire sa cage. Ce qui est pratique avec cette dernière est la possibilité de la déplacer. La cage s'avère particulièrement utile durant la période où le chiot fait ses dents, lorsque les animaux deviennent de véritables destructeurs, à la maison ou dans la voiture.

La cage est également une aide précieuse lorsqu'il s'agit d'éduquer le chien à la propreté, car le chiot essaiera toujours de ne pas la salir.

Si vous possédez un chenil où cohabitent plusieurs chiens, il est très important de la désinfecter périodiquement. Il n'y a aucune excuse pour les propriétaires d'un chenil qui sent mauvais. L'hiver, l'usage de l'eau est déconseillé car elle amène l'humidité. Lorsque la température descend en dessous de zéro, on voit des chiens tirer sur leurs pattes et les secouer ; quelquefois, ils se lèchent les coussinets pour mieux adhérer sur la neige, lorsqu'ils sortent.

Le sol sur lequel les chiots consomment leurs repas doit être lavé à l'eau pure ; les chiots qui mangent la nourriture tombée au sol pourraient en effet être intoxiqués par les produits détergents. Pour aider le chien à conserver sa belle robe fournie et imperméable à l'eau, il est conseillé de le laisser dormir dehors, dans un endroit abrité. Même si j'aime garder mon chien à la maison, je prendrai toujours soin de disposer d'un chenil, ou du moins d'un espace clos dans lequel il puisse s'ébattre au grand air en toute sécurité.

Une couche à l'extérieur est toujours appréciée, où le chien pourra se reposer tranquille, avec un bel os à ronger par exemple. Je suis absolument opposée au fait de laisser vagabonder librement les Labradors à l'extérieur, car leur instinct de chasseur, s'il n'est pas bien canalisé, peut les conduire à causer des dégâts dans les troupeaux ou parmi les poules.

Le chenil idéal sera construit à côté de la maison, de façon

que vous puissiez laisser rentrer le chien à la maison lorsque le temps se gâte.
Si vous avez un garage (sans fumées de pot d'échappement), le chenil pourrait y être aménagé. Si c'est possible, essayez de trouver un lieu abrité du froid et de la pluie et ne négligez pas les zones d'ombre pour les grosses chaleurs estivales.
L'ampleur de l'espace dans lequel le chien peut se mouvoir librement dépend de votre situation logistique ; pour le chien, un lieu long et étroit est préférable car il n'utilise que rarement le centre et court en général le long des parois. Le reste du temps, il est assis ou couché près de la porte et fait ses besoins le plus loin possible de la porte.
L'ouverture de sa niche doit mesurer environ 50 cm ; elle ne doit pas être au milieu du chenil, mais plutôt sur un côté, pour éviter les courants d'air. La niche doit être placée dans un lieu où le chien puisse trouver une ombre réfrigérante l'été et du soleil l'hiver, et être orientée vers le sud ; elle doit être munie d'un sol capable de l'isoler de l'humidité et un toit bien rehaussé pour permettre au chien de se lever et de sortir au soleil lorsque l'hiver est humide et froid.
Lorsqu'il fait chaud, vous pouvez laisser une bassine d'eau pour que le chien puisse s'y baigner ; en s'habituant à l'eau, il se familiarisera avec l'une des activités pour lesquelles sa race est sélectionnée.
Les chiots doivent rester au chaud, au moins jusqu'à ce qu'ils soient capables de se déplacer facilement et, pendant l'hiver, il ne faut pas les déplacer d'une maison chauffée à un chenil froid, à moins de le faire progressivement. La même précaution doit être prise à l'égard des femelles lors des chaleurs d'hiver.
Il est utile de disposer d'un

C'est pendant la première année de vie que se posent les bases d'une vieillesse saine

tuyau branché à une arrivée d'eau, qui arrive jusqu'au chenil, de façon à pouvoir le laver, ainsi que le chien. Souvenez-vous que plus le chenil sera propre, moins les chiens courront de risques et resteront propres et sans parasites. Les Labradors n'ont pas besoin d'un grand entretien car ils sont naturellement assez propres ; ils savent prendre soin d'eux-mêmes, à condition que vous les y aidiez un minimum.

La litière est un autre problème : en théorie, la paille, surtout à la campagne, semble la meilleure solution (même si elle n'est pas forcément la plus pratique). Mais le chien a tendance à la mouiller et à la manger, et c'est un véritable nid à poux et acariens. Elle favorise de plus le développement de champignons, avec des répercussions dermatologiques graves. Ce n'est donc pas forcément la solution optimale. Un petit tapis synthétique ou un paillasson sont parfaits pour éviter les rhumatismes et sont facilement lavables.

Il n'est pas nécessaire de chauffer le chenil pour un Labrador adulte, mais les chiots très jeunes ont besoin d'une source de chaleur. Beaucoup utilisent les lampes à rayon infrarouge pour réchauffer les chiots ; ils fonctionnent bien si on les utilise de la bonne façon et à condition que le plafond soit à au moins 1,5 m de hauteur.

En général, un Labrador adulte n'a pas besoin de chauffage car c'est un chien fait pour résister à des températures bien plus basses que celles auxquelles nous sommes habitués ; à condition qu'il soit dans un endroit abrité et sec, il lui suffit de se pelotonner en ramenant sa queue sur son nez pour être au chaud, même par le plus froid des hivers. Cela n'est possible que s'il s'agit d'un vrai Labrador muni d'un sous-poil abondant, et c'est aussi la meilleure façon d'agir pour qu'il le conserve. Un chien peut vivre dans la maison ou sous la véranda mais, comme je l'ai dit dès le début, offrez-lui un espace bien précis, qui peut être constitué d'à peu près n'importe quoi, de la grande boîte en carton au tapis, et faites en sorte qu'il l'utilise. Il le verra tout de suite comme son lieu de domination et ne deviendra pas ennuyeux en tournant dans toute la maison, en entrant dans les chambres et en dérangeant toute la famille.

Il peut bien sûr rester dans le salon à vos côtés mais, à l'heure du coucher, il faut l'envoyer dans « son coin » ; un chien bien dressé devrait aller « au lit » sans difficultés et ne plus se faire entendre jusqu'au lendemain matin.

Quand vous arriverez à la maison avec le chiot, ce sera peut-être le soir. Les enfants voudront alors jouer avec le chiot, mais n'oubliez pas qu'il est encore très jeune, qu'il se fatigue facilement et qu'il ressent la perte de ses frères et sœurs de portée. Le plus difficile sera alors de faire comprendre à vos enfants que le chiot n'est pas un jouet.

Quelquefois, même les Labradors les plus résistants ont besoin de s'éloigner des enfants les plus exubérants.

Donnez-lui à manger en suivant les instructions de l'éleveur : après le repas, emmenez-le sur un coin d'herbe qu'il devra s'habituer à utiliser à l'avenir et patientez jusqu'à ce qu'il ait fait ses besoins. Le chiot fera ses besoins naturels après les repas, et c'est donc à vous de commencer son dressage dans ce sens, justement après son premier repas à la maison. Avant l'âge de deux mois et demi à trois mois, il n'est pas en mesure de bien comprendre. Lorsque le chiot a fait ses besoins et qu'il a joué un peu dans l'herbe, félicitez-le et ramenez-le à sa couche, en vous assurant que personne ne le dérange, ni les enfants, ni des visiteurs curieux.

Tout comme un nouveau-né humain, le chiot a besoin de repos et doit avoir la possibilité de dormir profondément dans son coin.

Sachez que la chaleur de ses frères et sœurs lui manquera beaucoup : il faut donc essayer de lui éviter le froid, surtout dans le dos.

Le chiot doit disposer d'une couverture ou d'un vieux chandail en laine sur lequel il pourra se blottir.

Après quelques lamentations à cause de la solitude, il s'endormira sans doute, à condition d'être suffisamment fatigué. Laissez-le dormir jusqu'à ce qu'il soit l'heure d'aller au lit pour vous aussi et, avant de vous coucher, donnez-lui à manger un peu de nourriture chaude ou des céréales (à température ambiante) ; cela lui réchauffera l'estomac et le tranquillisera, ce qui lui permettra de retourner dormir sereinement, jusqu'au lendemain.

S'il gratte à votre porte pour

Le Labrador devrait toujours dormir à l'extérieur, dans une niche construite près de la maison

réclamer votre compagnie durant la nuit, ne vous laissez pas émouvoir, sinon il comprendra ce qu'il doit faire toutes les nuits s'il ne veut pas rester seul. Vous pouvez prévenir vos voisins que vous avez un chiot à la maison et leur demander un peu de patience au début s'il lui arrive de se plaindre un peu fort pendant la nuit.

Le matin suivant, il faudra lui préparer un repas facile à digérer car il aura tendance à se montrer vorace et à engloutir le contenu de son écuelle rapidement.

Une fois son repas terminé, emmenez-le dehors, à l'endroit habituel et, cette fois, laissez-lui le temps de jouer, d'exprimer toute son énergie et d'entraîner ses poumons et ses muscles ; le chiot a terriblement besoin d'exercice. Dès qu'il semble fatigué, ramenez-le à la maison et laissez-le dormir jusqu'à midi, lorsque son repas sera prêt.

Personnellement, j'administre de la viande crue avec des légumes hachés et un peu de pain complet. Achetez la viande chez le boucher, en la choisissant maigre et de bonne qualité. Faites-lui boire un peu de lait de façon à mieux ingérer la viande. Ensuite, vous retournerez dans le jardin pour jouer un peu.

Laissez-le dormir jusqu'au soir, lorsqu'il fera le repas le plus important de la journée, à base de poisson, fromage, poulet, lapin, ou autres types de viande. L'important est que la nourriture ne soit pas trop liquide. Donnez-lui à manger en suffisance, mais sans le gaver ! Je ne peux guère vous conseiller en matière de quantités car chaque chiot a ses exigences propres mais, avec un peu de sens de l'observation, vous pourrez vous faire votre avis.

Exécutez ensuite la sortie rituelle après le repas, puis de nouveau retour au repos.

N'oubliez pas que le chien doit toujours disposer d'une écuelle d'eau fraîche. Beaucoup de chiots boivent peu, surtout l'hiver, mais laissez toujours de l'eau à sa disposition, même s'il vous semble qu'il ne boit pas beaucoup. Vous aurez besoin d'une

Lionne ou Labrador ?

écuelle lourde et solide, sinon le chiot aura tendance à la renverser ou à la transporter dans toute la maison, attiré qu'il est par l'eau.

Les exigences du chiot, comme nous l'avons déjà dit, sont : manger, faire ses besoins, jouer et dormir ; s'il dispose de tout cela, il grandira et forcira sans problèmes.

Lorsque le chiot grandit, sa ration de nourriture augmente par repas, mais il n'en prend plus que deux par jour dès l'âge de six mois.

Chaque chiot est un individu à part entière et vous devrez juger de la meilleure façon de vous y prendre pour diminuer le nombre de repas. Si vous regardez le chiot de face, il doit avoir les flancs pleins, mais pas concaves.

Avant l'âge de neuf mois, ne le mettez pas au régime : il a besoin de nourriture pour sa croissance et il sera toujours temps de le mettre à la diète si nécessaire. Les femelles, en particulier, ont tendance à grossir.

Vous devrez aussi périodiquement le traiter au vermifuge. L'éleveur, avant de le vacciner, l'aura déjà traité deux fois. Votre vétérinaire vous donnera le nom du produit adéquat.

En ce qui concerne la propreté, un chien a besoin d'être lavé peu de fois par an, si vous le brossez bien le reste du temps. Le Labrador apprécie beaucoup l'eau, mais il vaut mieux éviter que le chiot se baigne. Dans tous les cas, séchez-le bien, surtout au niveau des oreilles. Si vous le voyez secouer très souvent les oreilles, préoccupez-vous-en car cela peut être le symptôme d'un problème.

Votre chiot peut attraper des puces et, comme la majorité des produits de traitement sont toxiques, il est difficile de les utiliser sur un chiot auquel on ne peut pas mettre de muselière en attendant que le produit soit sec. On trouve différents types de traitements contre les puces (en spray, collyres ou shampoing), mais aucun n'est vraiment sûr pour un chiot. Si vous n'avez qu'un chiot, vous pouvez utiliser un shampoing en lui faisant prendre un bain tout en lui tenant la gueule fermée et en l'empêchant de se lécher jusqu'à ce qu'il soit bien sec. L'autre système est d'utiliser un peigne à dents très

serrées et de peigner le chien pour faire tomber les puces.
À l'âge de trois mois, tout ce que vous avez à faire est de faire grandir votre chiot sans le faire trop grossir ; commencez à l'entraîner, voire à le dresser. Un chien vacciné peut vous accompagner partout.
Normalement, un Labrador a besoin d'une alimentation simple et pas trop abondante car il a tendance à « faire du gras » et à souffrir d'alopécie localisée si son régime est trop protéiné. Le Labrador grandit vite à partir de l'âge de six semaines, moins vite entre trois et six mois ; il atteint sa taille adulte entre six mois et un an.
Dans son jeune âge, votre chien aura tendance à combiner des catastrophes, comme un garnement mais, avec le temps, il mûrira et prendra toutes les caractéristiques d'un Labrador robuste.
Il ne faut pas oublier que les Labradors aiment ronger et mordiller et représentent un danger pour vos chaussures, vos meubles et tout ce qui se trouve à portée de gueule. Entre cinq et neuf mois, ses molaires poussent et il ressent le besoin de mordiller des choses. Pour lui faciliter la vie, n'oubliez pas de lui acheter un gros os à ronger, en vous assurant que votre boucher le sciera sans laisser d'éclats qui peuvent être dangereux quand le chien les ingère. Les os longs et ronds sont préférables (fémur, genou). Vous pouvez vous procurer un os de bœuf de bonne taille, que le chien pourra ronger sur son tapis : ce type d'os ne salit pas et se digère facilement.
Apprenez à votre chiot à vous donner l'os qu'il mastique : en le prenant gentiment, parlez-lui doucement et il apprendra rapidement. J'imagine en effet que vous ne souhaitez pas particulièrement que votre chien soit excessivement possessif, qu'il ne vous laisse pas l'approcher pendant qu'il mange ou qu'il joue. Cela dit, ne permettez pas aux autres personnes de le faire.
Les premiers jours, il faudra faire attention à éloigner de sa portée tout ce qui peut être rongé ou mordillé. Faites particulièrement attention aux fils électriques : essayez de les remplacer par des câbles qui résistent à ses dents, ou enlevez-les de ses pattes. Attention également au plastique : ingérée, cette substance peut être dangereuse car elle provoque des blocages intestinaux et n'est pas visible sur les radios.
Le Labrador n'a pas besoin de beaucoup de soins : une alimentation correcte et de l'air frais suffisent à conserver sa robe et en particulier son sous-poil fourni. Un bon brossage de temps à autre fera le reste. Mais la chose la plus fondamentale reste l'attention que le chien qui vit en famille est en droit d'attendre chaque jour.
Les chiens d'exposition ont en revanche besoin de soins particuliers.
Le chien de la maison doit être soigné attentivement s'il se gratte souvent ; les instruments pour ce travail sont des brosses souples et dures, un peigne en métal, avec une partie à dents larges et l'autre à dents serrées et, pour finir, un chiffon à poussière. Une paire de ciseaux de chirurgien (peu effilés) et une peau de chamois peuvent compléter l'attirail. Si le chien est sec et propre, il a besoin d'un bon brossage et d'un petit passage de chiffon. En revanche, s'il arrive à la maison après une grande promenade, plus ou moins couvert de boue, mouillez la peau de chamois dans l'eau, essorez-la et utilisez-la ensuite pour sécher le chien, en essorant régulièrement la peau de chamois (vous serez surpris de constater à quel point elle absorbe le liquide). Le chien sera vite sec et il ne manquera plus qu'une petite séance de brossage…
Laissez au chien le temps de sécher complètement puis retirez la boue qui reste avec la brosse la plus dure.
Lorsque le chien commence à perdre son poil, donnez un bon coup de peigne avant de le brosser ; cela aide à retirer les poils pendant la mue et évite ainsi que le chien les perde un peu partout. Lorsqu'il fait sa mue, accélérez le processus en le soumettant à ces soins.
Je vous conseille d'éviter de caresser les chiens que vous ne connaissez pas, car vous pouvez transmettre des maladies par le seul contact de vos mains. En tout cas, ne touchez pas les chiens qui présentent des zones sans poils ou des signes de négligence au niveau de l'hygiène.
L'hygiène quotidienne permet de contrôler l'état des oreilles, des ongles, des pattes et la présence d'éventuelles coupures ou griffures ; rappelez-vous que même le plus propre des chiens peut attraper des parasites dans les champs.
Pendant que je nettoie mon

chien, je vérifie toujours l'état de ses ongles, en vérifiant surtout s'ils ont besoin d'être coupés. On les laisse souvent pousser chez les Labradors car ils en ont besoin pour travailler sur les murs ou grimper et descendre les pentes. Certains chiens les consument naturellement, d'autres pas du tout et leurs ongles finissent par leur faire mal.

Si vous n'aimez pas emmener votre chien dans les salons de toilettage, coupez-lui vous-même les ongles à l'aide d'une paire de ciseaux très résistants. S'ils sont déjà cassés, coupez-les quand même car le chien pourrait se griffer. Les oreilles aussi doivent être soigneusement vérifiées.

Le chien possède deux glandes anales sous la queue. Chez certains chiens, il faut les vider de temps en temps. Si le chien se mord la queue ou qu'il essaie de l'atteindre, cela peut être à cause de ces glandes ou de la présence de vers. Demandez conseil à votre vétérinaire pour agir.

ÉDUCATION DE BASE

L'un des avantages du possesseur d'un Labrador est que son chien grandit le plus souvent sans problèmes physiques ou mentaux, à condition de partir sur de bonnes bases et de s'en occuper un minimum. Le Labrador devient vite un membre de la famille à part entière ; il est très généreux, affectueux et dévoué et c'est le chien qui se lamente le moins de tous. Soyez prévenant avec votre chien, car sa santé physique et mentale dépend de vous. Un Labrador laissé libre au-dehors risque de se faire renverser par une voiture : c'est le chien d'une famille irresponsable et négligente. À la campagne, certains chiens laissés libres se retrouvent pour former des meutes de chasseurs : ils peuvent être victimes d'une balle perdue ou être enlevés. En ville, ils deviennent une source de désagrément pour le voisinage, qui peut ensuite, à juste titre, demander une réglementation plus rigide envers les animaux domestiques.

Votre Labrador doit être élevé pour être affectueux envers les gens et pour faire ce qui vous fait plaisir. Son tempérament bienveillant et doux est aussi typique de la race que son physique, ce qui en fait le chien-compagnon des enfants anglais. Sa capacité à comprendre ce que vous voulez de lui dépend de votre capacité à communiquer avec lui.

En général, lorsqu'un chien commet de grosses bêtises, la responsabilité ne lui en incombe jamais entièrement.

Pour développer un beau rapport avec un Labrador, vous devez tenir compte de quelques règles fondamentales. Ceux qui aiment les chiens savent en général quoi faire car leur instinct le leur dicte, mais l'expérience enseigne que pour accélérer le processus de « construction » du rapport avec un chien, il est certainement indispensable et préférable d'entreprendre un dressage correct.

Le ton de la voix avec laquelle on s'adresse au Labrador semble être le facteur déterminant pour réussir à communiquer. Il ne faut pas oublier que la capacité de compréhension d'un chien est plutôt limitée, même si les Labradors ont une grande mémoire pour certaines choses. Un bon enseignement doit lui être imparti au moment où il commet une erreur. Celui qui découvre que son chien s'est enfui et l'accueille en le frappant commet une grosse erreur de dressage, car revenir signifie pour le chien rentrer à la maison ; donc, s'il est puni au moment du retour, il ne comprend pas son erreur. En revanche, s'il était grondé au moment de la fugue, il comprendrait qu'il fait quelque chose de mal. Voilà pourquoi beaucoup de personnes n'obtiennent pas de réponse lorsqu'elles appellent leur chien : il leur est arrivé de réprimander leur chien au mauvais moment !

Le dressage de base peut commencer vers l'âge de trois mois. Les jeunes de chaque espèce ne supportent pas une discipline trop rigide et l'acceptation est une chose progressive. Il faut le récompenser lorsqu'il fait quelque chose de bien, même s'il s'agit d'une action simple ; les récompenses pour avoir exécuté correctement un exercice peuvent être des mots de félicitation, des petites friandises, des manifestations d'affection exprimées par des caresses. Ce qui compte, c'est que le chiot, à travers nos réponses, perçoive ce que nous voulons et apprenne que la réussite est suivie d'une récompense.

Sa mère a déjà commencé son éducation en lui permettant de manger et de ne plus dépendre d'elle ; elle a joué les média-

Pas besoin d'éduquer le Labrador au contact avec l'eau, car c'est déjà son milieu naturel

teurs dans les disputes au sein de la portée pendant qu'il grandissait ; elle lui a appris des rudiments d'autodéfense et communiqué un peu de sens de la discipline.

Le chiot fera ce qu'on attend de lui à condition que les hommes soient en mesure de le lui faire comprendre.

Le problème n'est pas le chiot mais les personnes qui l'entourent, dont la première approche devrait tendre uniquement à développer l'affection. Il faut se rendre compte que, quelle que soit la chose que l'on souhaite enseigner au chien, elle ne doit pas dépasser ses capacités intellectuelles.

Le dressage peut être commencé très tôt : il suffit de parler à voix basse pendant qu'on caresse le chiot. Rappelez-vous toujours qu'un chiot de Labrador est particulier et grandit en essayant de comprendre ce qui se passe autour de lui. Il se sent malheureux lorsqu'il est séparé des personnes de sa famille, mais il peut apprendre à comprendre qu'il doit rester seul à certains moments.

Je crois qu'il ne faut pas attendre que le chien gratte à la porte ou aboie pour être conduit dehors ; la meilleure chose à faire est d'être attentif et de comprendre quand le chien a besoin de sortir. S'il n'est pas en laisse, on suppose quand même que vous l'accompagnez et que vous attendez qu'il ait fini. Un maître doit comprendre les besoins de son chien : sortir le matin tôt ; lorsqu'il a mangé, avant d'aller dormir aussi, et souvent durant la journée, surtout si vous le voyez tourner en rond en flairant un peu partout. Si vous l'observez bien, vous remarquerez que votre chien a des horaires réguliers pour sortir et vous devrez vous y adapter. Être aux côtés de votre chiot vous demandera de la patience et du temps, mais cela en vaut la peine. L'idéal est de prévenir ses premières erreurs et de lui faire comprendre qu'il doit sortir chaque fois qu'il doit faire ses besoins. Un chien a une façon

Chiots Golden (photo Élevage Thuaidh)

bien précise de se comporter : une fois que vous l'aurez compris, les choses seront entendues. Vous devrez vous adapter au chiot, mais un chien plus âgé devra s'adapter à vos habitudes et ne pas vous réveiller tôt quand vous voulez dormir le matin. Le chien a tendance à choisir un lieu précis pour faire ses besoins et vous pouvez l'aider à le sélectionner et l'y attendre jusqu'à ce qu'il ait fini.

Pour chaque type d'enseignement, rappelez-vous que la répétition est fondamentale et permet d'évaluer la capacité d'apprentissage de l'animal ; évitez d'exiger des progrès trop rapides.

Une fois que le chiot a fini son repas et qu'il a bu, il doit être emmené dehors : il apprendra à associer nourriture et exercice et finira tout naturellement par se diriger vers la porte après le repas, attendant patiemment que vous lui ouvriez pour sortir. Vous serez surpris de constater à quel point cela devient vite une habitude acquise et cela sera une grande conquête pour le futur car, plus grand, lorsqu'il sera seul à la maison, il attendra votre retour au lieu de faire ses besoins dans la maison.

Je recommande cependant de ne jamais laisser un chien seul trop longtemps. C'est cruel, après avoir habitué un chien à être propre, de lui demander de résister à l'appel de la nature.

S'il fait tout de suite ses besoins, félicitez-le. S'il vous regarde d'un œil perplexe, encouragez-le en lui parlant doucement. S'il se trompe, que l'erreur vienne de lui ou de vous, emmenez-le devant la preuve de son méfait, dites-lui un « non » ferme et emme-

nez-le dehors (même s'il a déjà fait ses besoins dans la maison) en l'encourageant à se soulager au bon endroit. Ne nettoyez pas devant lui car il interprétera cela comme un moyen d'attirer votre attention sur lui.
Jusqu'à l'âge de cinq mois environ, le chiot aura toute la liberté suffisante en jouant dans la maison et dans le jardin, à l'exception des quelques minutes par jour pendant lesquelles vous le conduirez en laisse (grâce à laquelle il apprend à ne pas tirer et à marcher à vos côtés). Emmener un chiot faire de longues promenades équivaut à emmener un enfant de quatre ans faire une marche de cinq kilomètres : cela lui fait mal.
À partir de cinq mois, il peut commencer l'entraînement par de brèves promenades en laisse, jusqu'à ce qu'il soit complètement adulte, au moment où ses os seront suffisamment forts en calcium pour affronter les kilomètres d'une longue course. Une semaine après son arrivée à la maison, vous pourrez commencer à lui faire porter un collier léger en cuir et à utiliser une laisse en nylon, lavable, assez légère. Vous aurez peut-être besoin d'une petite chaîne si vous votre chiot est du genre exubérant, mais ne choisissez jamais une chaîne à mailles trop fines, sous peine de lui faire mal s'il tire trop énergiquement. Ne tentez pas le harnais : il n'est pas sûr avec des chiens robustes et forts et peut abîmer les épaules sans permettre de mieux contrôler le chien.
Le chien étant laissé relativement libre durant les premiers mois, il ne faut pas s'attendre à le voir devenir discipliné tout à coup : un bon dressage quotidien à petites doses sera alors nécessaire afin d'obtenir de bons résultats à l'avenir.
Jusqu'à l'âge de six mois, l'entraînement du Labrador doit être très progressif, car un chien qui grandit aussi vite doit avoir la possibilité de développer ses os et ses muscles sans que ceux-ci soient exposés à des efforts démesurés.
La majorité des Labradors aime aller se fourrer dans les voitures restées ouvertes. Ne laissez pas le chien sauter dans la voiture sans votre permission, sinon vous le retrouverez dans les voitures de parfaits inconnus. Le maître est non seulement responsable de la sécurité de son chien, mais aussi de celle des gens. Il faut savoir qu'un chien a tendance à courir après tout ce qui bouge, en particulier s'il s'agit d'une voiture familiale qui s'éloigne. Prévenir cette impulsion est le devoir du maître car, une fois cette habitude prise, il est difficile d'en défaire le chien.
Le dressage d'un chien doit comprendre certaines « notions » fondamentales pour rendre la vie vivable pour soi-même et pour les autres : ne pas salir dans la maison, marcher en laisse sans tirer, accourir quand on l'appelle et ne pas sauter sur les gens, même pour leur faire la « fête ».
La laisse est un élément terrifiant pour un chiot et il devra donc être habitué à l'idée de constriction avec beaucoup de prudence. Si vous avez un seul chien à la maison, habituez-le au collier mais assurez-vous que celui-ci n'est ni trop étroit ni trop lâche et qu'il ne risque pas de rester coincé. S'il y a plus d'un chien dans la maison, le collier sera mordillé en peu de temps.
Comme mes chiens sont toujours sous contrôle et que je ne les laisse pas disparaître de la circulation, ils n'ont pas besoin de collier.
Pour habituer le chien à la laisse, utilisez-en une à ruban en nylon et préparez-vous à courir partout où ira le chiot. Vous devez faire en sorte que le chiot ne se sente pas trop contraint et tiré d'un côté et de l'autre. Si, après avoir couru derrière lui, vous avez encore du souffle, parlez-lui calmement et sur un ton rassurant. Lorsque vous vous rendrez compte qu'il ne fait plus très attention à la laisse, vous pourrez le tirer légèrement en l'appelant et vous éloigner en marchant. Passez devant lui, de façon à attirer son attention. Appelez-le et félicitez-le ; vous pourrez le contenter en lui donnant quelques friandises et caresses. La chose la plus difficile à faire durant ces promenades est de garder la laisse détendue : dans le cas contraire, le fait de tirer sur la laisse pour attirer son attention n'aura aucun effet. S'il n'est pas habitué correctement, il traînera son propriétaire derrière lui en grandissant et, avec ses 35 kg de muscles, cela peut s'avérer très fatigant quand on porte en même temps les courses ou qu'on tient un enfant par la main !
Lorsque le chiot n'a plus peur de la laisse, on peut passer à l'usage du collier. L'enseignement permettra au chien de

comprendre qu'il doit marcher sur votre gauche et pas devant ou derrière vous. S'il a tendance à marcher devant, tirez légèrement et allez dans la direction opposée. Cela doit être fait de manière continue, sans attendre le chiot. S'il oppose une résistance et reste en arrière, arrêtez-vous et repartez en donnant une légère secousse à la laisse, en l'appelant.

Rendre l'apprentissage agréable et divertissant est important lorsqu'on travaille avec un animal jeune. Si le chiot avance trop rapidement à vos côtés, avancez en formant un cercle et en tirant légèrement, ramenez-le dans la position correcte. Vous pouvez aussi former un cercle et heurter légèrement son nez de votre jambe quand vous marchez autour de lui. Le principe sur lequel se base cet enseignement est celui de protéger le chien des dangers futurs jusqu'à ce que s'établisse une confiance réciproque et que vous soyez sûr que le chien est avec vous, y compris face à tout type de provocation.

Il faut également lui apprendre à faire ses besoins pendant qu'il est en laisse, car cela sera nécessaire à certaines périodes.

La chose la plus importante à rappeler à propos de la laisse est qu'il ne s'agit pas d'un instrument à utiliser avec la force, car le chien en sortirait vainqueur. Comme il comprend déjà le mot « non », l'astuce consiste à anticiper : avant que le chiot ne commence à tirer, prononcer un « non » sec et tirez sur la laisse en vous retournant et en repartant dans l'autre sens, tout en l'appelant pour qu'il vous suive. Lorsqu'il réagit correc-

Chiot de l'élevage Torre Palazzone

Pour apprendre au chiot à ne pas sauter sur les gens, anticipez le moment du saut et avancez le genou pour le déséquilibrer et le faire reculer.

Une autre méthode est de mettre les mains devant vous, doigts ouverts, en anticipant le saut et en disant « couché », tant il est vrai qu'un chien qui pose ses pattes boueuses sur une jupe ou un pantalon est exaspérant.

Cet exercice répressif, associé au mot « couché » ou « descends », donnera ses résultats et permettra à vos visiteurs de ne plus être importunés. Il ne faut pas le caresser quand il vous saute dessus, mais seulement, félicitez-le. La tendance du conducteur est en général de ralentir et d'attendre le chiot. Il est beaucoup plus efficace de changer de direction et de marcher sans laisser le temps au chiot de se rebeller. À chaque fois qu'il prend peur et s'arrête, caressez-le et emmenez-le dans un endroit qu'il connaît bien.

Toutes ces « sessions » d'enseignement doivent être brèves, environ cinq minutes à chaque fois. En changeant continuellement d'allure, vous garderez l'attention du chiot éveillée, de même qu'en changeant de direction.

Lorsque le chien est parfaitement habitué à la laisse, emmenez-le partout en ville, dans les rues animées, au milieu des voitures et des bruits de la circulation, en le faisant marcher sur le trottoir, si possible avec un muret ou une haie sur votre gauche.

À chaque fois qu'il tente de vous passer devant, touchez-le sur le nez, à l'aide d'un journal roulé ou d'une petite brindille, en lui disant « non » assez fort et il reculera.

Vous pouvez aussi marcher au milieu d'une file de chaises placées dans le jardin. Cela permet au chien d'apprendre à marcher à vos côtés, derrière votre genou gauche. Lorsqu'il aura acquis cette notion, essayez sans la laisse. La confiance en soi d'un chiot se développe lorsqu'il apprend à avoir confiance en ses sens et lorsqu'il l'éprouve par de nouvelles expériences, qui devraient être nombreuses et variées. Le chiot considère qu'il est plus risqué de descendre que de monter, et vous devez donc organiser des « séances d'apprentissage » séparées. Une fois qu'il aura appris à monter et à descendre les escaliers, il ne l'oubliera plus.

ment lorsque ses quatre pattes touchent le sol, sans oublier de le féliciter, encore et toujours…

Autre mauvaise habitude : permettre au Labrador de saisir ce que vous avez dans les mains sans votre permission. À l'inverse, vous devez lui apprendre à saisir une friandise entre vos doigts, sans avoir à avancer la main. Beaucoup retirent leur main lorsque le chien s'avance pour saisir la nourriture, car les gens ont peur que le chien puisse les mordre.

Ne laissez personne retirer quelque chose de la gueule du Labrador : c'est le meilleur moyen d'en faire un chien « à la dent dure » et de ruiner son instinct de chien de rapport.

Si vous souhaitez que le chien vous donne ce qu'il tient dans sa gueule, enfilez un doigt derrière sa molaire et commandez-lui de lâcher. Un chien élevé en tant que chien de rapport ne doit pas être habitué à laisser tomber quelque chose de sa bouche : apprenez-lui à déposer tout objet entre vos mains. En outre, pour éviter qu'il ne prenne de mauvaises habitudes, vous devez exiger qu'il vous rapporte immédiatement tout objet lancé.

L'une des grandes qualités du Labrador est qu'il aime apprendre des jeux simples et être félicité. Je pense que complimenter un chien apporte toujours de très bons résultats, car il se sent aimé et compris.

Pour résumer, entre quatre et six mois, votre chiot doit avoir complété son cycle de vaccination, être traité contre les vers, ne faire que deux repas par jour, avoir appris les leçons de base de « assis », « pas bouger », « viens », et être en mesure de marcher en laisse sans tirer ou vous passer devant. En somme, il devrait être sur la voie pour devenir un chien bien élevé !

Chacun des chiots doit disposer de sa propre écuelle pour vérifier son appétit et sa croissance régulière

LE DRESSAGE

PAR E. RUGGIERO

Toutes les races de Retrievers ont en commun un instinct naturel de rapport et un désir inné de « plaire » qui les place parmi les chiens qui s'adaptent le mieux et les plus faciles à dresser. Cela signifie que quiconque possède un Retriever de bonne souche, une bonne dose de patience et dispose de quelques minutes par jour à lui consacrer, peut s'engager dans l'enseignement des premières règles de base du dressage en obtenant un certain succès.

Il finira sans doute naturellement par se passionner au point d'y consacrer toujours plus de temps et de patience, jusqu'à se retrouver dans des épreuves de travail ou des épreuves d'aptitude.

Il semble intéressant de traiter la phase initiale du dressage et de l'obéissance de « base », nécessaire pour vivre avec le chien une vie familiale et sociale agréable et sans problème et pour ensuite commencer un vrai travail de dressage spécialisé, en fonction des activités que l'on souhaite entreprendre avec lui.

À ce propos, il est intéressant

La prochaine fois, il apprendra à s'asseoir correctement

Le dressage du chiot doit être effectué fréquemment mais sur de courtes durées

de faire la liste des spécialités dans lesquelles les Retrievers se sont illustrés, dépassant en compétence et bravoure les autres races utilisées depuis longtemps dans les mêmes domaines : très bons chiens guides d'aveugles, leurs compétences à la chasse en font aussi d'excellents chiens anti-drogue, ainsi que de bons chiens truffiers. La protection civile utilise également leurs qualités naturelles et, dans les pays anglo-saxons, il est utilisé en tant qu'élément thérapeutique dans la réhabilitation des personnes handicapées ou des personnes âgées et des enfants atteints de graves maladies.

La nouvelle mode de l'agility a également vu ces chiens remporter des succès sur des parcours compliqués.

Toutefois, pour pouvoir faire tout cela, il faut que votre ami connaisse avant tout les règles d'un bon comportement qui le feront écouter son maître et donc apprendre toujours plus de choses.

Le dressage de base est indispensable pour une approche éducative qui permette de bien vivre avec le chien et au contact du monde extérieur. Il faut accorder à cette phase préliminaire le plus d'attention possible.

La question que l'on nous pose souvent à propos du dressage est celle de l'âge le plus adéquat pour que le chiot commence : dès le premier jour, à la maison avec votre ami, la « grande aventure » commence ! Dès le premier moment, le rapport qui commence sera déterminant pour toutes les expériences futures.

Le Retriever est un chien de rapport et possède donc l'instinct de saisir tous les objets, des pantoufles aux verres en cristal oubliés sur la table basse du salon. Un « non » sec dit au bon moment recueille plus de succès que ce qu'on pourrait croire. Toutefois, chez les sujets dont l'instinct de « prédation » est particulièrement développé, une fois que votre ami têtu aura saisi un objet et se sera enfui pour ne pas être pris, l'effet de surprise sera plus adapté : appelez-le joyeusement en partant dans la direction opposée (si possible vers l'endroit où il mange), en agitant l'un de ses jouets favoris ou un biscuit et en le lui offrant dès qu'il aura lâché l'objet volé en vous rejoignant. Ne le poursuivez jamais ! Cela deviendrait son jeu préféré et il perdrait complètement son instinct de rapport.

Le chiot est là, joueur et curieux, prêt à faire toutes sortes de bêtises. Alors que vous vous demandez comment gérer ce

« projectile mou », votre premier appel ou votre premier « non » signifiera le début de son dressage.

Il faut avoir en tête quelques notions de base du comportement canin pour ensuite entrer dans le détail des attitudes à avoir pour apprendre au chien les premières règles de comportement.

1. Le chien est un animal « grégaire », c'est-à-dire porté à vivre en meute, dans laquelle il reconnaît une hiérarchie précise.

2. Son langage est fait d'odeurs, de gestes et de sons.

3. Ses capacités visuelles et ses possibilités de mémorisation sont différentes des nôtres et moins développées que celles d'autres espèces animales.

Une fois ces prémisses établies, le comportement à avoir envers l'animal est plus clair : celui qui s'occupera de lui le plus souvent et entreprendra la grande aventure du dressage devra personnifier le « chef de meute », plus ou moins énergiquement suivant son caractère. Les autres membres de la famille devront à leur tour trouver leur place dans l'échelle hiérarchique, afin que le chiot soit respecté tout en sachant où est sa place, de façon à ce qu'il sache à son tour respecter les autres (sans peur ou timidité excessive) et leur obéir sereinement. Il faut souligner les mots « sans peur et sereinement », car il n'y a rien de plus triste que de voir un sympathique Labrador, joueur et enthousiaste, réduit à obéir en se soumettant, la queue entre les jambes, perdant ainsi les plus belles caractéristiques de sa race.

Le chef de meute sera donc celui qui s'occupera de ce travail d'équipe, nécessaire au dressage.

Revenons donc à quelques notions de base et établissons quelques règles fondamentales : le chef de meute donne les normes de comportement, mais sans s'énerver et sans équivoques. Cela veut dire que le « non » sera toujours un « non » ferme et décidé, mais dénué d'hystérie ou de récriminations, attitudes typiques du genre humain mais totale-

Le chiot se met souvent dans des situations difficiles et peut se retrouver en difficulté

Le chiot apprend toujours à faire plaisir à son maître

ment étrangères à l'espèce canine. Un comportement obéissant et une prompte réponse à l'ordre seront aussi récompensés par des caresses et de l'enthousiasme (en faisant « la fête » au chien).

Sachant que le chien sera toujours prêt à capter des messages olfactifs imperceptibles pour vous (y compris votre nervosité ou la peur d'autres animaux ou personnes), il faudra éviter de l'étourdir ou de le distraire avec des parfums ou des odeurs trop forts.

Vous entrerez dans son langage sonore en utilisant des mots brefs et habituels (viens, *come*, assis, *sit*, pas bouger, *stay*), mais sur un ton tranquille et clair, en utilisant les « crescendos » pour apporter de l'enthousiasme et encourager et en « grondant » lorsque ce sera vraiment nécessaire pour obtenir une réponse rapide.

Vous utiliserez des gestes des mains et du corps pour l'aider à comprendre, à avoir confiance en vous et à vous respecter. Vous ferez en sorte que les choses soient le plus clair possible pour lui, en particulier pour qu'il comprenne quand vous êtes content de lui ou pas.

LE RAPPEL

C'est le premier ordre auquel tout chien doit être capable de répondre. À l'appel de son nom ou en entendant son maître siffler, il doit accourir. Une réponse incertaine au rappel est dangereuse et négative pour lui et elle peut avoir des effets désastreux sur le futur dressage. Imaginez que, alors que vous attendez pour traverser la route, un chat passe et que votre chien lui court après, restant sourd à vos appels, et traverse au risque de sa vie. Ou encore, un jour de chasse, qu'une fois le gibier récupéré, votre chien se laisse distraire par une autre piste et s'éloigne sans se soucier de vous pour revenir ensuite sans avoir rien attrapé. Ce sont deux situations typiques dans lesquelles le manque de contrôle sur le chien est évident. Il faut donc dès le début ne l'appeler que lorsque c'est nécessaire, en utilisant toujours son nom, de manière brève et claire ; récompensez-le quand il arrive, même s'il a tardé à obéir.

Évitez de l'appeler si vous pensez qu'il vous désobéira. Mieux vaut alors se cacher en l'ayant à l'œil pour l'appeler

promptement dès que vous le verrez vous chercher.
Accueillez-le joyeusement et félicitez-le d'autant plus que sa réponse aura été rapide. Plus il aura plaisir à vous retrouver, plus vite il apprendra à vous obéir. Faites-vous aider par un ami : il le retiendra pendant que vous vous éloignerez en l'appelant ; une fois libéré, il viendra vers vous comme une flèche. Il ne faut pas chercher à l'attraper, mais vous pencher vers lui et lui montrer que vous êtes content de lui, sans aucune intention de l'attacher ou de le retenir. Au contraire, continuez à vous éloigner lentement en l'invitant à vous suivre, en claquant des doigts et en le complimentant de rester à vos côtés.
Rappelez-vous : ne le réprimandez jamais lorsqu'il vous rejoint (quelle que soit la bêtise qu'il a faite auparavant) et ne le suivez jamais quand il s'éloigne, mais éloignez-vous à votre tour, dans la direction opposée, en l'appelant joyeusement.
À ce propos, tant que votre ami sera encore chiot, mieux vaut fréquenter des lieux sans danger et loin de toute situation incontrôlable.
Un conseil important : ne vous mettez jamais dans une situation perdante. Un exemple : le petit filou a rencontré un autre chiot et s'est jeté frénétiquement dans le jeu, comme seul un Retriever sait le faire, en oubliant tout le reste, vous compris, et vous décidez après un petit moment de l'appeler pour partir. Rien à faire, votre ami fait la sourde oreille. Vous vous impatientez et commencez à crier et à siffler de manière insistante. Tout le monde vous regarde, ce qui achève de vous agacer. Rien de plus frustrant que le fait d'appeler un chien désobéissant sous les yeux de spectateurs.
Lorsque, finalement, las de ses jeux, votre chien vous rejoint, vous lui administrez une belle claque sur les fesses et vous empressez de le mettre en laisse. Vous avez perdu au moins deux points sur la route d'un bon dressage. Cela parce que le chien n'est absolument pas en mesure de comprendre une théorie trop difficile : j'ai tardé à obéir, donc il me punit. Sa conclusion rudimentaire et instinctive sera : je suis arrivé, il m'a puni, mieux vaut ne pas s'y fier et rester à bonne distance. De plus, il fera une association classique entre claque sur les fesses et laisse, pensant : mieux vaut aussi éviter ça ! Si je vois une laisse, je resterai à l'écart, on ne sait jamais… Bon courage pour ensuite récupérer sa confiance et l'usage de la laisse !
En conclusion, ne laissez pas les situations extérieures interférer dans votre rapport. Soyez patient avec lui, afin qu'il comprenne bien ce que vous désirez. Il aurait mieux valu éviter de l'appeler, le saisir au beau milieu du jeu et le

Le Labrador réagit au rappel, même s'il dormait une seconde avant

mettre en laisse en lui donnant un biscuit, en l'invitant à vous suivre joyeusement.

« ASSIS »

C'est la position de repos du chien, qui lui laisse cependant la possibilité d'observer ce qui se passe autour de lui : elle vous sera utile à différents moments du dressage, mais il faut absolument l'apprendre au chiot le plus tôt possible, afin d'avoir le plus grand contrôle sur lui.

Vous tenez le chien en laisse, vous êtes sur le point de traverser au feu, et plusieurs personnes vous entourent ; il faut que le chiot reste tranquillement assis à vos côtés, qu'il ne dérange pas les gens et ne descende pas du trottoir.

Au moment du repas, lorsque votre ami est très concentré, dites « assis » en lui tendant son écuelle.

D'une main, appuyez légèrement sur son postérieur, en plaçant de l'autre l'écuelle au-dessus de sa tête. Dès qu'il sera assis, donnez-lui sa nourriture en le félicitant très largement. Augmentez progressivement le temps de ce petit exercice, chaque jour un peu plus, jusqu'à ce que vous arriviez à inviter le chien à manger après qu'il soit resté assis quelques secondes devant son écuelle.

Répétez l'ordre « assis » pendant la journée, dans toutes les situations où cela s'avère nécessaire, en utilisant toujours la même méthode et en vous aidant d'une friandise accordée en récompense.

En résumé, votre ami doit pouvoir s'asseoir dès que vous levez votre main droite ou en voyant son écuelle, ou même en voyant votre main dans la poche où se trouvent habituellement ses friandises. Il faut parler au jeune chien d'une voix calme et joyeuse, qui ne le pousse pas à une soumission excessive.

Soyez toujours patient, jamais excédé ou violent, tout en restant ferme sur vos décisions ; insistez calmement afin qu'il exécute tout de même votre ordre avant d'être récompensé, puis soyez prodigue en félicitations et démonstrations d'affection.

L'ARRÊT SUR PLACE

Dans la vie quotidienne, le fait d'obtenir de votre chien qu'il reste assis en attendant votre permission de repartir

s'avérera très utile. Imaginons que vous deviez entrer dans un magasin où les chiens ne sont pas admis, ou que vous rencontriez quelqu'un qu'il ne connaît pas et avec qui vous vous arrêtez pour bavarder. Pensez aussi à l'éventualité de le faire participer plus tard à des épreuves de travail ou de chasse : le Retriever doit rester immobile et assis près de son conducteur, dans l'attente que celui-ci l'envoie récupérer la proie qu'il doit ramener. Le calme pendant les battues est l'une des qualités les plus appréciées chez un Retriever ; il ne dérange pas le terrain de chasse, ni les chasseurs et les autres chiens jusqu'à ce qu'on demande ses services. Cette caractéristique est de plus fondamentale pour la sécurité du chien : en s'immobilisant sur commande, il ne risque pas de finir sous une voiture ou d'être blessé pendant une partie de chasse.

Avant de prétendre que votre chiot reste assis sans bouger en présence de gibier ou de toute autre stimulation, il faut lui apprendre à rester sans bouger dans un endroit calme et tranquille qu'il connaît, sans sollicitations extérieures. À la maison ou dans le jardin, pendant la brève leçon de conduite en laisse, donnez-lui l'ordre « assis » et, toujours en tenant la laisse, éloignez-vous de toute sa longueur après avoir ordonné « pas bouger ». Répétez ce commandement en le renforçant d'un geste de la main ouverte devant le museau du chien. Les premières fois, éloignez-vous de lui à reculons, en répétant « pas bouger », la main levée en signe de « stop » et en gardant la laisse dans l'autre main, prêt à le ramener à sa place s'il bouge pour vous suivre. Au bout de quelques jours, vous pourrez laisser la laisse par terre, puis l'enlever complètement et vous éloigner du chien en lui tournant le dos et en parcourant des distances toujours plus grandes. Si vous procédez calmement, en ramenant toujours votre jeune ami à son point de départ quand il désobéit, vous obtiendrez qu'il attende votre retour après quelques secondes d'absence, y compris s'il ne vous voit plus.

L'obéissance à cet ordre permettra en outre d'arrêter votre chien dans sa course, même lorsqu'il se trouve loin de vous, simplement en levant une main ouverte et en criant « pas bouger ». Cette phase de l'exercice doit, elle aussi, commencer sur de courtes distances, pour finir par arrêter le chien même lorsqu'il est relativement éloigné.

LE SIFFLET

Dans le dressage des races de Retrievers, l'usage du sifflet – vocal ou en vous aidant d'un sifflet – a toujours été nécessaire pour pouvoir travailler sur les grandes distances que représentent les terrains de chasse. Quelle que soit la spécialité pour laquelle vous souhaitez entraîner votre chien, le son sera toujours le même, sans traces d'anxiété ou de nervosité dans la voix ; il vous permettra d'obtenir une réponse meilleure et plus rapide de la part de votre ami quadrupède.

Habituez-le à répondre au sifflet dès le début. Il s'amusera à répondre à l'appel de petits coups de sifflet répétés s'il est récompensé dès qu'il arrive. Un sifflet bref et répété lui imposera de s'asseoir, un ordre qu'il aura déjà appris à suivre à votre commandement oral. Vous introduirez progressivement ce coup de sifflet, accompagné pour commencer d'un geste de la main, puis utilisé seul. Vous serez surpris de constater la facilité avec laquelle le jeune Retriever apprendra à obéir, y compris sur de grandes distances.

Tout ce que nous avons expliqué jusqu'ici représente la base du dressage. Plus elle sera solide, plus l'apprentissage de votre chien sera rapide et sûr. Cette base vous permettra en outre de construire un rapport tel que vous pourrez poursuivre en lui enseignant des exercices toujours plus difficiles, le chien étant content de vous faire plaisir, et vous heureux de continuer à progresser avec lui vers de nouvelles expériences.

Laissons aux ouvrages spécialisés l'explication des exercices complexes qui concernent l'apprentissage de la recherche de drogue, ou la récupération d'une proie abattue hors de vue du chien, sans parler des détails techniques complexes pour expliquer ce qu'on souhaite obtenir d'un chien de catastrophe efficace.

La chose la plus importante à garder en tête est la facilité avec laquelle on dresse les chiens de race Retriever et le nombre de qualités naturelles pour lesquelles ils sont sélectionnés, pour pouvoir profiter le plus longtemps possible de leur compagnie sans les réduire au

rôle « d'éléphants de salon » ou de « rongeurs fous » d'animaux confinés à la maison.
Un bon dressage devra rendre le chien obéissant et capable d'accomplir certaines fonctions, sans pour autant étouffer ses qualités naturelles. Un bon conducteur doit savoir gagner la confiance du chien, mais aussi avoir à son tour confiance en lui, sans l'assaillir d'ordres incessants, qui le bloquent dans ses actions. L'idée d'« une main de fer dans un gant de velours » correspond parfaitement à l'attitude qu'il faut avoir dans l'art délicat et amusant du dressage d'un chiot de rapport.

LES PREMIÈRES APPROCHES DU MONDE DU TRAVAIL

Il semble important d'expliquer comme on peut, dès les premiers jours de « vie commune », habituer les chiots à des situations et à des bruits caractéristiques de leur future vie de travail.
Dès le début, la bonne attitude consiste à manipuler le chiot avec précaution, mais souvent. Cela doit être fait bien sûr en tenant compte des normes d'hygiène les plus rigoureuses et par des personnes expertes. Du reste, il arrive souvent qu'on doive déplacer à tour de rôle les chiots sur les mamelles de leur mère les plus riches en lait, surtout dans les portées nombreuses et comportant des sujets plus petits, qui seraient autrement écartés par leurs frères et sœurs.
Au fur et à mesure que la portée grandit, l'éleveur commencera à leur parler au moment où il les déplace. On remarque alors que les chiots reconnaissent très souvent sa voix et accourent en l'entendant, même après avoir passé beaucoup de temps dans leur nouvelle famille et loin de leur éleveur.
L'utilisation de la musique, ou du moins d'une radio laissée allumée pendant que les petits restent seuls, attendant le retour de leur mère, s'avère utile pour les tranquilliser et les habituer sans stress à différentes sources de bruit. En outre, dès qu'on s'aperçoit qu'ils commencent à bien percevoir les sons extérieurs, on évitera de les laisser trop longtemps dans une atmosphère silencieuse. Il faut que les chiots soient habitués au bruit, même fort, accompagné de tons de voix rassurants ou pendant qu'ils tètent, protégés par leur mère. De son côté, la mère devra être un sujet équilibré et tranquille, sinon elle ne pourra que transmettre ses peurs à l'ensemble du groupe.
Une fois les yeux et les oreilles ouverts, les petits auront de plus en plus tendance à aller vers le monde extérieur, tout en étant encore très largement guidés par leur mère. Vous pourrez profiter du moment de la tétée pour produire (d'abord de loin, puis toujours plus près) des bruits semblables à ceux d'un fusil qui tire (naturellement, la mère devra elle aussi avoir été habituée et ne pas en avoir peur). C'est ainsi que commence la préparation des chiens de rapport pour la chasse. Sachez que, même si vous n'envisagez pas de les utiliser uniquement dans ce but, cette préparation les rend plus sûrs d'eux et assure une bonne préparation pour tout type de dressage futur.
La croissance des chiots sera accompagnée de sons et de bruits, toujours au moment des repas, qui rappellent des

L'instinct fait en sorte que le Labrador joue son rôle de rapporteur très naturellement

L'agilité est une qualité essentielle pour le rapport dans les lieux les plus difficiles

situations de travail à venir. Des bruits de tir dans le lointain, puis toujours plus proches, des voix et des appels, le son du sifflet. Le tout sera effectué calmement et en étant attentif aux réactions de chacun des chiots. Cela vous donnera des indications sur leurs futures aptitudes et vous pourrez doser vos interventions extérieures de façon à ne pas produire l'effet contraire. Si vous constatez des réactions de peur ou de préoccupation, faites en sorte d'éloigner les nouvelles sources de bruit, en les accompagnant toujours du murmure rassurant de votre voix et de caresses affectueuses.

À partir du sevrage, vous devrez profiter du moment du repas ou du jeu pour produire les mêmes sons que ceux d'une partie de chasse, de façon toujours plus réaliste, en surveillant les réactions et en étant toujours prêt à mettre un bémol à vos interventions. Le moment du sommeil des chiots reste très important et doit être respecté en interdisant à quiconque de les déranger. En revanche, lorsque vous commencerez à les laisser jouer dans un petit enclos extérieur, vous laisserez la vie normale se dérouler autour d'eux. Le dressage de chiens adultes est un beau spectacle à soumettre à l'ensemble de la portée, surtout si ce sont des chiens très doués qui s'entraînent. Cela paraît difficile à croire, mais le bon exemple est très utile dans l'éducation des chiots.

Si la mère est déjà un bon chien de chasse, vous pouvez faire des exercices avec elle devant sa portée. Lorsque les petits en seront capables, vous pourrez en laisser un ou deux libres devant elle pendant qu'elle accomplit un exercice de rapport (vous utiliserez un autre chien, plus gentil, si la mère devait se révéler « grogneuse » au moment où elle doit rendre sa proie). Il est particulièrement agréable de voir un chiot partir et revenir accroché au leurre récupéré par l'adulte. Inutile de dire qu'il s'agira de tirs à courte distance, sur un terrain herbeux et sec, et qu'il ne faudra pas en abuser, afin de ne pas produire de stress physique chez le petit. L'introduction de sensations utiles au futur petit groupe de chasseurs, comme le contact des plumes ou du poil, se fera le plus tôt possible. On laissera chacun d'eux prendre en gueule une plume de faisan ou une boule de poils de lapin, sans toutefois les laisser trop jouer avec.

Bien que les Retrievers soient utilisés dans de nombreuses fonctions, la sélection de départ a été faite pour obtenir de bons chiens de rapport, tant sur le sol que dans l'eau ; il faut donner ici quelques indications sur le déroulement du dressage à la chasse.

Il faut savoir que, pour arriver au titre de champion international, le Retriever doit avoir obtenu au moins une qualification en épreuve de chasse ; on ne peut donc pas ignorer les phases essentielles du dressage à cette discipline, tout en laissant les détails techniques les plus pointus aux ouvrages spécialisés.

Une fois le chiot acheté auprès d'un bon éleveur, une fois assuré que tout ce que nous avons décrit jusqu'ici a été fait pour l'ensemble de la portée, une fois certain d'avoir choisi un bon sujet (encore mieux si c'est le fils de parents déjà classés en épreuves de chasse), vous pouvez maintenant passer à la préparation au dressage à la chasse.

Au départ, il faudra engager avec votre nouvel ami un rapport de confiance réciproque, en obtenant de sa part une obéissance totale et une réponse sûre aux commandements de base. Il ne faut jamais commencer le dressage du chien de rapport pour la chasse sans avoir d'abord dépassé les phases préliminaires de l'obéissance de base. La plus grande erreur est de l'emmener trop tôt à la chasse. Vous perdriez son obéissance et obtiendriez, dans le meilleur des cas, un chien de rapport très approximatif, même s'il s'avérait excellent chercheur. Dans le pire des cas, une fois ses qualités naturelles perdues, vous auriez un chien désobéissant et excité, qui chasse pour lui et mange le gibier au lieu de le rapporter !

Le travail sérieux initié par l'éleveur, et poursuivi avec les premiers exercices d'obéissance, verra le chiot prêt à apprendre de nouvelles choses. Son instinct inné au rapport aura déjà été découvert pendant les promenades, lorsqu'il cherchera à vous convaincre de lui lancer cailloux ou bâtons à aller chercher. Attention ! Évitez les pierres : un chien désireux de travailler deviendra vite « obsédé », ramenant des pierres et des cailloux de manière névrotique toute sa vie, abîmant ses dents et… continuant à le faire une fois dressé en l'absence d'un beau faisan à se mettre sous la dent. Même les jeux de lancer de bâton ou de balle doivent être modérés, pour les mêmes raisons.

Laissez-le donc jouer tout seul avec son caillou, son bâton ou sa balle. Limitez-vous à lui lancer les leurres faits pour le dressage uniquement pendant les séances de travail et toujours pour quelques minutes par jour, en augmentant la durée du dressage au fur et à mesure que le chien acquiert plus de connaissances.

C'est à ce stade que vous commencerez à donner les premières notions du rapport et de la récupération du gibier à plume et à poil.

Le chiot, âgé de six à huit mois, doit être déjà obéissant et fiable et connaître tous les ordres de base, en particulier répondre parfaitement au rappel.

Dès son plus jeune âge, vous l'aurez habitué à rapporter un leurre adapté aux chiots, en le laissant le récupérer librement et en partant dans la direction opposée pour l'inciter à vous suivre et à vous rendre le leurre, sans trop de contraintes, et en terrain sûr et enclos, pour éviter les ris-

ques de fugue afin de jouer « à chat ».
Si le travail a été fait correctement, vous ne rencontrerez pas de problèmes pour le faire tenir assis sans bouger au moment où vous lancerez un leurre pour chiens adultes, avant de l'inviter à aller le chercher et de le récompenser quand il vous le rapportera. Au début, pour qu'il comprenne, il faut le tenir avec la laisse détachée du collier mais passée autour de son corps. Placé derrière lui, vous en tiendrez les deux extrémités et lui commanderez « pas bouger » en exerçant de petites tractions pour le retenir au moment où vous lancerez le leurre. Calmement, au moment où le leurre touchera terre, vous laisserez tomber la laisse et ordonnerez « rapporte », en répétant l'ordre quand le chien saisira le leurre. Les premières fois, si vous voyez que votre ami hésite à vous rendre le leurre, appelez-le en vous éloignant dans la direction opposée, prêt à l'accueillir et à la féliciter lorsqu'il s'approchera. Il ne faut pas saisir tout de suite le leurre dans la gueule du chien, mais s'attarder un peu en caresses pendant qu'il le tient encore, en lui montrant par toute votre attitude gestuelle, corporelle et vocale, que vous êtes content de lui et en vous efforçant de le garder près de vous. C'est ainsi que vous obtiendrez son retour toujours plus confiant et, en augmentant progressivement les périodes, une capacité à rester immobile dans l'attente, de plus en plus longtemps. Au bout d'un temps plus ou moins long suivant le caractère du chien, vous obtiendrez une bonne attente de l'envoi et une récupération rapide et joyeuse.
Ne soyez jamais trop pressé, n'essayez pas de compliquer l'exercice trop vite, préparez-vous à une longue période de dressage et laissez le chien mûrir à son rythme durant cette première phase de familiarisation au rapport. Sachez que, à de très rares exceptions près, les vrais champions de travail se singularisent vers l'âge de deux ou trois ans. Plus vous serez calme dans ce travail, plus vous obtiendrez des résultats satisfaisants et durables. On a vu des Retrievers, classés très jeunes, perdre avec le temps leur brio et leur précision, alors qu'il n'y a rien de plus beau que de voir un chien sage et mûr travailler calmement, avec enthousiasme et expérience.
Lorsque, au bout de deux ou trois semaines, vous aurez obtenu un travail de rapport rapide et précis, vous pourrez introduire le gibier. Vous utiliserez d'abord des leurres classiques simplement recouverts de plumes de faisan ou de poil de lapin, puis vous introduirez du gibier surgelé entier et, pour finir, des volatiles abattus et non congelés, pour terminer sur le gibier abattu

Le Labrador rapporte avec douceur, sans serrer et donc abîmer la proie.
Propr. élevage Torre Palazzone

Le Labrador est parfaitement à l'aise dans l'eau

en présence du chien. Le tir, la présence de plumes et de poils, la vue du gibier et son odeur exciteront considérablement le chien : il est donc conseillé de procéder par paliers, pour ne pas perdre le calme nécessaire du Retriever, appelé *steadiness* chez les Anglais. Cette dernière est une qualité de premier plan chez le Retriever et en fait un auxiliaire discret et efficace en toute circonstance de chasse.

Il faut procéder de la manière suivante : premières phases du rapport en lançant le leurre à la main et pas trop loin ; deuxième phase, toujours en lançant à la main, que l'on accompagne d'un tir assez éloigné et rapproché progressivement. Vous passerez ensuite au lancer du leurre à l'aide d'un appareil spécial (de fabrication anglaise, c'est une sorte de pistolet dans lequel on insère le leurre, qui est ainsi lancé sur de longues distances) : vous procéderez toujours prudemment, en vous faisant aider d'un ami qui se placera à distance du chien, pour vous rapprocher progressivement, jusqu'à ce que vous parveniez (sans que le chien ne parte en avant ou ne soit effrayé) à tirer vous-même, à côté du chien. Enfin, vous introduirez le gibier en procédant de la même manière jusqu'à ce que vous parveniez à abattre le gibier en présence du chien.

L'important est de ne pas vouloir précipiter les choses et de passer aux nouvelles phases uniquement lorsque les premières auront été bien assimilées. Si vous avez l'impression que le chien ne comprend pas bien ou est un peu confus, n'hésitez pas à revenir à des exercices plus simples.

Il faut aussi avoir le courage de reconnaître ses erreurs et de ne pas voir tous les échecs comme la seule responsabilité du chien. Très souvent, c'est le conducteur qui ne se fait pas bien comprendre. Mieux vaut éviter de travailler quand on se sent « mal luné » et accepter que le chien aussi ait ses jours « sans ». Au cours de ces journées où rien ne semble fonctionner, mieux vaut se rabattre sur un exercice de base et, une fois celui-ci réussi, s'arrêter sur ce succès, en attendant une journée plus productive.

Travailler avec le chien doit être un plaisir pour lui comme pour vous : en ayant ce concept bien clair à l'esprit, vous obtiendrez de très bons résultats et vivrez heureux en sa compagnie.

Pour habituer les Retrievers à l'eau, il n'y a pas de problèmes, la plupart du temps ; une fois les vaccinations effectuées, les chiots peuvent être emmenés sur les bords de cours d'eau tranquilles, où vous les laisserez jouer librement. Ces races sont tellement attirées par l'eau qu'il faudra plutôt leur apprendre à ne pas se jeter dans la première flaque venue sans votre permission. En effet, cela peut s'avérer dangereux pour lui : il peut se retrouver entraîné hors de votre vue, dans une gorge, une rivière en crue ou, pire encore, dans des installations d'irrigation desquelles il ne réussira plus à sortir. Les noyades dans ce genre de situations ne sont pas rares. Par ailleurs, pour les maîtres citadins, il peut être difficile de convaincre son chien de sortir d'une fontaine, sous l'œil goguenard de l'agent en train de dresser la contravention !

Mais revenons au dressage proprement dit. Une fois les chiots familiarisés avec l'eau, surtout si un chien adulte bon nageur les accompagne, vous les verrez évoluer dans cet élément comme de petits phoques. Si vous leur jetez un objet à récupérer, leur instinct les poussera à aller le chercher et à le rapporter. On a souvent remarqué que, là où des problèmes de récupération se posent au sol, ils sont en général dépassés dans l'eau.

Dans ce cas, il est conseillé de travailler sur le rapport dans l'eau (qui du reste favorise le développement musculaire du chien) et de passer au travail au sol dans un deuxième temps.

En ce qui concerne l'obéissance et l'activité proprement dite, vous procéderez comme nous l'avons expliqué pour les étapes précédentes du dressage.

La règle importante à ne jamais perdre de vue est qu'il faut absolument bien contrôler le chien car, sinon, l'élément « eau », très attrayant pour lui, risque de le déconcentrer et de rendre nécessaire un retour sur les exercices de base.

Lorsque des sujets très motivés tardent à obéir au rappel dans l'eau, on peut utiliser une longue laisse. Les premières fois, on l'utilisera pour tirer délicatement le chien vers la rive, en l'appelant. Et, bien sûr, on se tiendra prêt, sur la rive, à le féliciter dans la joie !

LA REPRODUCTION

PAR LE PROFESSEUR L. GUIDOBONO CAVALCHINI

Le chien est une espèce dont la fertilité est grande. Il peut cependant surgir des difficultés, plus ou moins graves selon la race, pour les animaux élevés en milieu domestique. En général, le Labrador n'a pas de problèmes liés à la reproduction, mais il reste important de connaître les mécanismes de base qui la concernent. Les notions qui suivent pourront se révéler utiles pour ceux qui désirent obtenir des portées de chiots comme pour ceux qui ne souhaitent pas faire se reproduire leurs chiens.

LA FEMELLE

Les différents moments physiologiques sont régulés par des variations hormonales. La femelle accepte le mâle exclusivement pendant la période des chaleurs, à savoir celle qui correspond à une augmentation du taux d'œstrogènes due à la maturation des follicules. Durant les premiers jours, la chienne se montre plutôt agitée et sans appétit ; elle cherche à fuir, en quête de mâles, et elle joue volontiers, que ce soit avec ces

derniers, que ce soit avec d'autres femelles, en présentant des comportements de monte similaires à celui du mâle.

La vulve grossit et, souvent, la chienne se lèche les zones péri-anales et vulvaires, stimulées aussi par de légères pertes sanguinolentes.

Autour des 9e ou 10e jours, ces pertes deviennent plus claires et diminuent considérablement.

Entre les 10e et 14e jours, survient l'ovulation, et la femelle accepte alors le mâle. Il est conseillé d'effectuer durant cette période deux ou trois accouplements, à 48 heures d'intervalle.

Après la fécondation, la femelle n'accepte généralement plus le mâle. Chez la chienne non fécondée, les chaleurs durent environ trois semaines, même s'il existe de grandes différences d'un individu à l'autre, que ce soit pour la période d'acceptation du mâle ou pour la durée totale et l'intensité des pertes.

Il est possible d'identifier la meilleure période pour l'accouplement par l'examen au microscope d'un frottis vaginal.

Même si les premières chaleurs apparaissent généralement à un âge compris entre huit et dix mois, il est conseillé de faire couvrir la chienne à partir des secondes chaleurs, dans la mesure où, avant celles-ci, l'organisme n'a pas encore fini sa croissance ; une gestation pourrait par conséquent compromettre un développement corporel normal.

Les chaleurs se produisent tous les six mois, avec une forte variation d'un individu à l'autre et d'une race à l'autre (une fois par an par exemple chez les chiens sauvages). Les chaleurs se poursuivent durant toute la vie de la chienne et ne cessent pas avec la vieillesse. Il est d'usage de ne pas faire s'accoupler la femelle après ses sept ou huit ans.

LE MÂLE

Le mâle n'a pas de période de chaleurs spécifique et peut s'accoupler tout au long de l'année. Les chiens atteignent la maturité sexuelle vers les huit à dix mois, mais il est préférable de les faire s'accoupler seulement après dix-huit mois, étant donné que, chez le mâle aussi, le développement corporel n'est pas achevé avant cet âge. La tendance à fuguer pendant la période des amours est encore plus forte chez le mâle : il suit de son flair les fortes odeurs qui émanent des femelles et qu'il est capable de percevoir même à grande distance.

Une des préoccupations de maints propriétaires de chiens est de faire accoupler leur mâle ; ceci n'est cependant pas de réalisation facile, car seule une minorité d'individus sélectionnés est utilisée comme reproducteurs. Il est donc nécessaire, afin d'un usage avisé des chiens en tant que reproducteurs, que ceux-ci puissent être préalablement sélectionnés lors des examens appropriés mis en œuvre par les sociétés canines. Il faut aussi garder présent à l'esprit le comportement social des canidés sauvages chez qui existe une hiérarchie de groupe avec polygamie qui permet la reproduction à seulement quelques individus.

L'ACCOUPLEMENT

Comme nous l'avons déjà dit, la femelle accepte le mâle seulement au cours d'une période de temps très limitée. Il n'est parfois pas facile d'identifier le moment le plus propice qui peut être confirmé par un frottis vaginal analysé au microscope, ou bien en observant le comportement de la chienne : quand elle est en condition, elle place généralement sa queue de côté. Certaines femelles se montrent tranquilles, même confrontées à des mâles inconnus ; d'autres se montrent au contraire nerveuses et nécessitent de rester avec le mâle pendant un laps de temps plus long. Pour favoriser l'accouplement, les deux sujets doivent être placés en terrain plat et tranquille, où le mâle entame généralement une sorte de cour, stimulé par les phéromones produites par la femelle. Les deux chiens se flairent et se lèchent jusqu'au moment où la chienne laisse le mâle lui sauter en croupe (la monte), consentant à l'union (la copulation) ; en cas contraire, la femelle n'accepte pas le mâle et se refuse de manière énergique, voire agressive. Chez les sujets plus jeunes, il peut arriver que le mâle doive être aidé et la femelle tenue, même s'il est toujours préférable que les deux chiens aient tout le temps nécessaire pour une monte naturelle. Ceci arrive aussi parce que, bien souvent, le meilleur moment pour l'accouplement, qui peut être très bref chez certaines femelles, n'a pas été bien identifié.

L'érection du pénis advient en deux étapes, dont la première permet au mâle de pénétrer le vagin ; lors de la seconde phase, la séparation est empêchée grâ-

APPAREIL REPRODUCTEUR FEMELLE

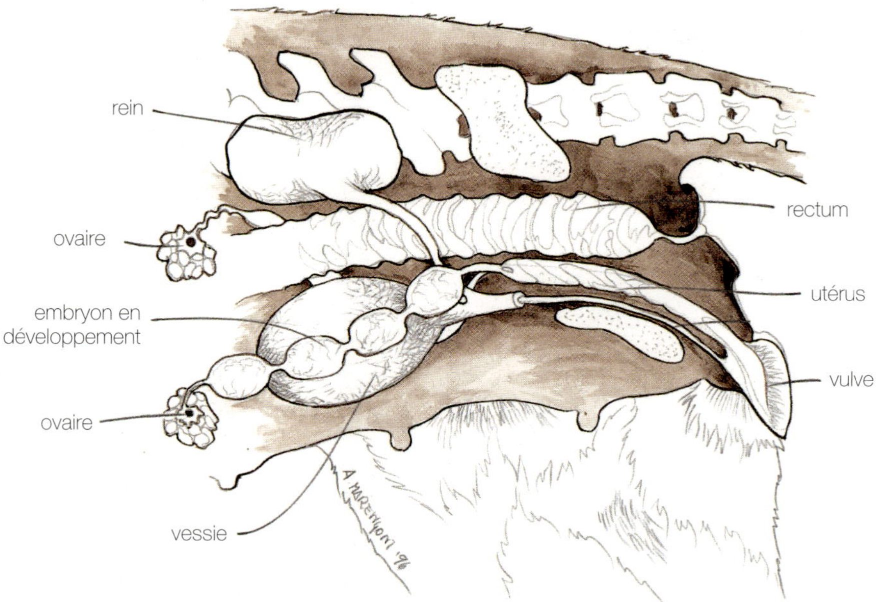

APPAREIL REPRODUCTEUR MÂLE

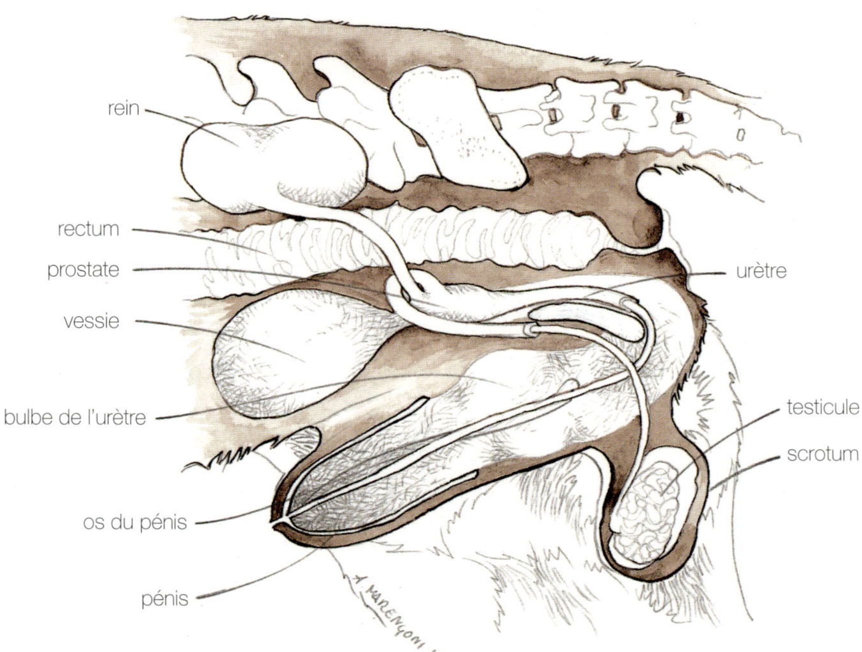

Quand la mère est absente, il faut pourvoir à l'allaitement toutes les deux heures, jour et nuit

ce à une dilatation de la partie apicale des corps caverneux et à l'action de la musculature vaginale. C'est ainsi qu'est rendue possible une éjaculation prolongée, nécessaire dans la mesure où le chien est dépourvu de vésicule séminale.

Une fois terminée la première phase de pénétration, le mâle descend de côté et effectue une rotation, par laquelle les deux postérieurs viennent à se trouver l'un contre l'autre.

Une telle position est maintenue pour une durée prolongée. Une séparation violente au cours de cette phase peut provoquer des lésions aux organes génitaux ; il est par conséquent nécessaire que soient présentes deux personnes prêtes à maintenir les deux animaux et à empêcher une séparation forcée.

Les difficultés rencontrées pour un accouplement sont plus ou moins fréquentes selon la race. Ces problèmes ont des causes variées : d'origine endogène (comme l'insuffisance hormonale) ou d'origine comportementale, spécialement chez les sujets qui n'ont pas vécu dans leur jeune âge au contact d'autres chiens mais seulement de l'homme, sur lequel ils ont transféré leur propre identité d'espèce. On peut aussi observer des préférences individuelles, que ce soit chez le mâle ou la femelle qui refusent alors certains accouplements.

On voit parfois des comportements aberrants : le chien tente de s'accoupler avec des objets ou des personnes, notamment le maître. D'autres ne s'accouplent pas en présence d'un humain.

Les mâles qui ne se reproduisent pas avant l'âge de cinq ou six ans pourront difficilement s'accoupler par la suite.

Les chiens avec un seul testicule externe (monorchidie) sont fertiles, mais on ne les fait pas s'accoupler car cette pathologie est héréditaire. Ceux qui sont privés de testicules externes (cryptorchidie) sont stériles.

Il est bon de chercher les causes d'une fécondation ratée : maladies infectieuses, carences alimentaires, déséquilibres hormonaux.

L'HYPOFERTILITÉ

Le chien fait partie des espèces les plus fertiles, et les femelles mettent bas un nombre de portées généralement élevé. Toutefois, la forte sélection, effectuée au cours des années chez certaines races pour fixer les caractères désirés, a conduit à un abaissement de la fertilité. Par hypofertilité, on entend donc une capacité réduite à produire une descendance vivante et viable. Les causes peuvent en être recherchées chez les trois éléments concernés (femelle, mâle, chiot) et peuvent être

d'origines génétique, environnementale, alimentaire, pathologique ou comportementale. Pour chacun de ces facteurs, on peut prendre des mesures préventives qui, toutefois, donnent le plus souvent des résultats limités. En effet, si le propriétaire du chien peut veiller à une alimentation correcte et à la prophylaxie, il a une influence limitée sur l'hérédité et les aspects liés à la sélection.
En l'occurrence, c'est aux éleveurs que revient d'user avec prudence de la consanguinité qui, comme il a été démontré, réduit considérablement la fertilité et provoque un amoindrissement de la viabilité des chiots. De plus, il peut apparaître dans ces conditions des maladies héréditaires qui, autrement, seraient restées silencieuses. Il est donc de bonne pratique de ne pas accoupler des sujets à forte consanguinité : à ce propos, il serait opportun de calculer d'abord le coefficient de consanguinité, qui évalue la similarité du patrimoine génétique de deux individus, et de choisir ensuite l'accouplement le plus judicieux.

LA GESTATION

La gestation dure de 60 à 63 jours, avec d'éventuelles variations, en partie dues à la difficulté d'identifier le moment exact de l'ovulation et aux caractéristiques de la race. Le diagnostic de grossesse peut être effectué par palpation abdominale entre le 15e et le 28e jour, avec une faible marge d'erreur, et après le 42e jour au moyen d'un examen radiographique qui montre les noyaux d'ossification des petits. Le développement embryonnaire est assez lent les premières semaines et s'accélère à l'approche du terme.
Le nombre de chiots varie selon la race et l'individu. Chaque chiot a sa structure placentaire ; celle-ci est mangée par la chienne après la mise bas. La dilatation abdominale se manifeste durant le second mois, au cours duquel on note un grossissement, variable, de 20 à 55 %. Dans les derniers jours de gestation, il y a aussi un développement des glandes mammaires avec pertes de gouttes de lactosérum (colostrum) ; un relâchement de l'abdomen apparaît peu de temps avant la mise bas.

LA MISE BAS

La femelle sur le point de mettre bas est généralement agitée et, souvent, elle cherche son maître, surtout si elle lui est très attachée. L'instinct

La femelle, surtout en élevage, ne doit pas être une « fabrique » à chiots

la pousse à se fabriquer une « niche » et elle peut chercher à creuser le sol. La chienne ne doit à aucun moment être laissée seule par son maître qui devra la tenir sous son contrôle sans la déranger. Habituellement, elle cesse de s'alimenter et sa température descend jusqu'à 37 °C durant les 12 à 24 heures qui précèdent la mise bas. Des signes manifestes de relâchement des ligaments apparaissent sur la paroi abdominale et la vulve se dilate.

La chienne met bas allongée sur le côté et les chiots se présentent normalement avec la tête et les membres antérieurs tendus vers l'avant. On peut aussi observer la position de siège, mais sans que cela entraîne de grosses complications. En revanche, si apparaît uniquement la tête, ou uniquement un ou deux membres, le chiot peut avoir de grosses difficultés à sortir. Il n'est absolument pas nécessaire d'effectuer la moindre traction, d'autant moins que les tissus du nouveau-né sont très fragiles et pourraient se déchirer, provoquant la mort du petit ; il est suffisant de seconder avec délicatesse les poussées que la chienne effectue à intervalles de temps réguliers.

La femelle primipare éprouve des difficultés à expulser le premier chiot, surtout si elle a plus de trois ans. Chaque chiot est entouré d'une poche transparente (sac amniotique) que la mère déchire puis avale aussitôt après la mise bas. Le chiot est alors poussé par la mère à respirer : elle le lèche et l'essuie en le poussant vers les mamelles les plus proches.

D'un chiot au suivant, il peut s'écouler de dix-vingt minutes à plusieurs heures. En tout cas, si cette durée excède huit heures, il est bon de consulter un vétérinaire. Les pertes durant la mise bas sont généralement abondantes et de couleur vert sombre avec des traces rougeâtres ; elles dégagent une forte odeur, mais non putride. Si en revanche elles se révèlent jaunâtres, purulentes ou malodorantes, cela pourrait signifier une infection utérine avec un grave danger pour la mère et pour les petits. En cas de difficultés, on peut avoir recours à la césarienne qui s'effectue sous anesthésie générale.

Vingt-quatre heures après la mise bas, faites examiner la chienne, notamment en cas de remontée de température ou d'un autre symptôme d'indisposition générale.

Après la mise bas, la femelle reste longtemps auprès de sa nichée et l'en éloigner n'est pas chose facile ; il est nécessaire d'être attentif car elle est alors particulièrement agressive envers les étrangers et les autres chiens, y compris le père des chiots : l'instinct la pousse en effet à défendre sa progéniture.

L'alimentation doit être préparée de façon particulière, surtout en ce qui concerne la quantité d'eau et la teneur en calcium. À cause du grand nombre de chiots mis bas, il peut apparaître, après quelques jours, une forme de tétanie de carence en calcium accumulé dans le lait qu'elle produit (éclampsie). Dans les jours qui suivent la naissance des chiots, l'involution de l'utérus s'accompagne d'une expulsion de membranes et de caillots sanguins ; si le phéno-

mène se prolonge, s'il a une intensité excessive ou une odeur putride, consultez le vétérinaire.

La chienne allaite les chiots pendant environ 40-50 jours jusqu'au sevrage mais, dès les 20ᵉ-25ᵉ jours, on peut l'aider par une alimentation artificielle des chiots. Durant la lactation, il faut vérifier que les tétines ne sont pas douloureuses, que les glandes mammaires ne sont pas gonflées ni trop chaudes : il pourrait sinon s'agir d'une mastite.

Beaucoup d'éleveurs partagent l'idée qu'une femelle ne doit pas mettre bas plus d'une fois par an.

Cette idée ne doit naturellement pas être interprétée comme une règle fixe, d'autant que, à la base de la décision d'accoupler une reproductrice, il y a l'évaluation de son état de forme physique. En fait, chez une jeune femelle peu utilisée jusque-là pour la reproduction, deux gestations à six mois d'intervalle peuvent le plus souvent se dérouler normalement sans influer négativement sur son état de santé, alors qu'il est peut-être plus conseillé, pour des chiennes de plus de six ans qui ont déjà mis bas plusieurs portées, de ne pas effectuer d'accouplement pendant des périodes bien plus prolongées.

Dans les derniers jours de la gestation, il est bon de permettre à la chienne de s'habituer à l'endroit où elle va devoir mettre bas : une fois choisi le lieu adéquat, si possible dans une zone tranquille loin d'éventuelles perturbations causées par d'autres chiens, on peut préparer le caisson qui accueillera la mère durant la mise bas et la portée entière pour ses vingt premiers jours.

Le caisson doit être en bois, assez grand pour que la chienne puisse se mouvoir librement sans danger pour les petits, avec des parois pas trop hautes de sorte que la jeune mère puisse en sortir aisément, et avec un rebord d'environ 15 cm vers l'intérieur qui empêche la chienne d'écraser les petits contre la paroi.

Sur le fond, il faut installer une couverture propre (ou un morceau de moquette taillé sur mesure) qui, une fois la mise bas terminée, doit être changée pour permettre à toute la famille de rester au propre et au sec.

Cette opération sera ensuite répétée, même si la mère elle-même pourvoit à l'élimination des excréments des petits, car il est absolument nécessaire de maintenir en permanence une très grande propreté du lieu où vivent les chiots.

Pendant la mise bas, et les jours suivants, il est de plus conseillé de suspendre au-dessus du caisson une lampe à rayons infrarouges de 150 W (celles utilisées normalement pour les poussins sont très adaptées) à une hauteur de 60 à 80 cm, de façon à maintenir le milieu suffisamment chaud et sec.

Quelques heures après la naissance des petits, quand la mère a fini de les nettoyer, il est possible de tirer parti d'une pause de sommeil de ces derniers pour l'éloigner de sa nichée, lui permettre de faire une brève promenade et, éventuellement, de la nettoyer délicatement à l'aide d'une solution désinfectante diluée dans de l'eau tiède. Pendant les jours suivants, il faut veiller avec le plus grand soin à la propreté et à l'état de santé de la jeune mère.

Caisse de mise bas avec rebords antiécrasement

Les chiots sont comme des parasites : ils ne pensent qu'à leur survie

LA GROSSESSE NERVEUSE

Cet état est assez fréquent et peut se présenter chez n'importe quelle chienne.

Les symptômes se produisent deux mois après les dernières chaleurs et rappellent ceux d'une chienne gravide : faim, soif, parfois des vomissements, énervement et quelquefois grossissement de l'abdomen. La lactation se fait dans l'ultime période, et peut comporter de sérieux problèmes de mastite, étant entendu qu'il n'y a pas de chiots pour téter le lait.

Le déclenchement de cette pathologie est déterminé par un taux élevé de progestérone qui entraîne chez la chienne non gravide les comportements typiques de la gestation. Ce n'est rien d'autre que le maintien d'un atavisme qui rendait possible l'allaitement de chiots par d'autres femelles dans les meutes de canidés sauvages.

L'ALIMENTATION

PAR LE PROFESSEUR L. GUIDOBONO CAVALCHINI ET LE DOCTEUR C. CRISTOFALO

PRINCIPES GÉNÉRAUX

Une bonne alimentation est indispensable pour conserver le chien en bonne santé.

L'appareil gastro-entérique des chiens est caractérisé par un estomac volumineux et un intestin plutôt court, comme c'est le cas pour la plupart des carnivores. Les aliments, en particulier solides, restent dans l'estomac très longtemps (trois à huit heures) ; ils y subissent un lent processus de digestion avant de passer dans l'intestin, où se produit l'assimilation des substances nutritives qui sont transportées par le sang vers les différents tissus qui en ont besoin. Par ses caractéristiques anatomiques, l'appareil digestif du chien permet l'absorption de repas abondants et un intervalle prolongé entre chaque repas, car l'estomac s'évacue lentement.

Les chiens sont des carnivores, mais un long processus d'adaptation les a poussés à consommer également des produits d'origine non animale ; ils ont cependant besoin d'un régime concentré, à la teneur nutritive élevée mais variable suivant la race, l'âge, l'état physiologique (maintien, croissance, reproduction, lactation) et le climat. Pour obtenir les meilleurs résultats, vous devez nourrir vos chiens de façon à leur fournir une quantité adéquate d'éléments nutritifs : protéines, hydrates de carbone et graisses, sans oublier les vitamines et les sels minéraux. Le régime doit être équilibré : les différents principes nutritifs doivent donc se trouver dans un rapport équilibré, de façon à ne pas être en excès, sans pour autant faire défaut. Une alimentation optimale est indispensable pour maintenir le chien en bonne forme physi-

Une bonne alimentation est fondamentale pour avoir des chiens toujours en bonne santé

que, ni trop gras ni trop maigre et avec un beau poil brillant ; cet aspect est encore plus important chez le chiot qui demande une attention et des soins tout particuliers. On voit souvent des chiens provenant d'une même portée et présentant un développement physique assez variable suivant les maîtres qui les ont élevés, certains porteurs de défauts visibles comme les déviations des membres, très influencées par l'alimentation reçue.
Certaines connaissances de base, que nous essaierons d'exposer simplement, vous aideront à équilibrer les menus journaliers de votre chien et à comprendre quels aliments sont vraiment nécessaires, en évitant ainsi le gâchis et les rations inappropriées.

L'ÉNERGIE

Les aliments sont source d'énergie, qui est libérée après les différents processus digestifs et de transformation qui surviennent dans l'appareil digestif. Les particules alimentaires sont transportées vers les différentes cellules de l'organisme où, en présence d'oxygène, elles sont justement transformées en énergie. Pendant ce processus de transformation, de la chaleur est également produite, qui permet au chien de conserver sa température. Pour simplifier, on peut dire que les aliments sont « brûlés » et transformés en énergie comme cela se produit pour le carburant dans un moteur à explosion. L'énergie produite permet non seulement le simple maintien de l'animal (métabolisme de base), mais elle lui donne également la possibilité d'accomplir son travail, qui demande plus ou moins d'énergie suivant l'emploi demandé. Donc, plus l'activité de l'animal est élevée, plus la quantité d'aliments à transformer en énergie doit être importante. La quantité d'énergie contenue dans un aliment (énergie brute) se mesure à la chaleur qu'il produit pendant la combustion, qu'on peut évaluer grâce à un appareil (bombe calorimétrique). Le chien n'utilise cependant pas toute l'énergie : une partie est éliminée dans les excréments et une partie est consommée pendant le processus métabolique suivant le degré de digestibilité de l'aliment et les possibilités d'utilisation. La valeur énergétique d'un ali-

Les Labradors sont toujours à la recherche de nourriture, mais c'est de la gourmandise, pas de la faim

ment est normalement exprimée en énergie métabolisable (EM), donnée par l'énergie brute de l'aliment, moins celle présente dans les excréments qui proviennent de la digestion de ces aliments. L'énergie est en général mesurée en kilocalories (Cal) ou en kilojoules (Kj). L'énergie d'un aliment dépend de son contenu en hydrates de carbone, graisses et protéines suivant les valeurs proposées en 1985 par le National Research Council (NCR) :

– 1 g d'hydrates de carbone = 3,5 Cal Em ;

– 1 g de graisses = 8,46 Cal EM ;

– 1 g de protides = 3,5 Cal EM.

Le chien n'utilise pas l'énergie des fibres brutes. Les valeurs de EM des différents aliments pour chiens ne sont pas déterminées sur le produit frais mais déduites par calcul à l'aide d'équations mathématiques. Un excès d'énergie est en général emmagasiné dans le corps sous forme de graisses.

LES GRAISSES OU LIPIDES

Elles représentent une source alimentaire indispensable car elles fournissent à l'organisme l'apport nécessaire en acides gras et en vitamines liposolubles (A, D, E, K). En outre, elles sont des parties constituantes des membranes cellulaires et des régulateurs métaboliques. Elles sont appréciées par les chiens et améliorent en général le goût des aliments.

L'énergie fournie par les graisses est très élevée et atteint le double de celle fournie par les glucides ou les protéines ; elles sont donc tout particulièrement nécessaires au chien qui travaille ou qui vit dans des climats froids. Les sujets en bonne santé les digèrent bien grâce à l'action de la bile et des enzymes pancréatiques. La graisse s'accumule dans le corps comme une source d'énergie de réserve. Elle est continuellement mobilisée par les dépôts et recyclée avec celle absorbée. Les lipides sont présents dans les cellules du corps et dans certains liquides organiques sous des formes complexes comme les phospholipides, les glycolipides, etc. et les cellules du système nerveux en sont particulièrement riches. Le cholestérol, qui est un lipide composé, est indispensable, en petites quantités, à toutes les cellules du corps et est présent en grande quantité dans le cerveau.

Les régimes alimentaires des chiens sont en général riches en graisses, qu'elles soient d'origine animale (lard, saindoux, beurre) ou d'origine végétale (huile de graines ou d'olive). Il n'y a pas de grande différence dans le contenu en énergie métabolisable (EM) des différentes graisses, mais celles d'origine végétale, plus riches en acides gras insaturés, sont préférables d'un point de vue diététique.

Certains acides gras insaturés, comme le linoléique ou l'arachidonique, sont également indispensables pour le chien, en particulier pour une croissance normale et pour prévenir les eczémas cutanés. Le régime alimentaire doit comporter au moins 5 % (sur la substance sèche) de graisses et 1 % d'acide linoléique.

Il faut toujours s'assurer de la qualité et de la bonne conserva-

Les femelles âgées ont tendance à prendre du poids

tion des graisses, qui peuvent s'altérer et rancir, surtout au contact de la lumière et de l'air.

LES GLUCIDES OU HYDRATES DE CARBONE

Présents en quantité très modeste dans l'organisme animal, on les retrouve dans le sang sous forme de monosaccharides (du glucose, principalement) et dans le foie et les muscles sous forme de glycogène, que l'organisme thésaurise comme source d'énergie immédiate pour pouvoir affronter les situations d'urgence, comme un travail musculaire intense (lutte, fuite, etc.) ou un stress. Ils sont présents en grande quantité dans les légumes, sous forme de composés organiques provenant du processus de photosynthèse de la chlorophylle. Les sucres les plus simples sont les monosaccharides (fructose, lactose, etc.), faciles à assimiler et utilisés par l'organisme comme source énergétique. Les hydrates de carbone les plus complexes sont les polysaccharides, parmi lesquels l'amidon et le glycogène nous intéressent particulièrement car ce sont des substances insolubles dans l'eau et qui ont tendance à former des solutions gélatineuses et visqueuses.
L'amidon est le plus important des hydrates de carbone alimentaires, car c'est la substance de réserve la plus répandue dans le règne végétal (graines, tubercules, racines). Le plus grand apport d'amidon est fourni par les céréales, qui représentent donc une source alimentaire très importante dans la ration quotidienne du chien.
L'amidon tel quel est cependant difficile à digérer pour le chien ; il doit être transformé en dextrine par la cuisson ou des traitements comme le soufflage, l'extrusion, etc.
Bien que largement employés dans l'alimentation du chien, les hydrates de carbone ne sont pas indispensables, dans la mesure où ils peuvent provenir d'autres principes nutritifs, à l'exception du dernier mois de grossesse, lorsque leur présence dans la ration devient nécessaire. Tant chez l'adulte que chez le chiot, un excès de saccharose peut ne pas être bien toléré et

provoquer des diarrhées à cause de la faible présence dans l'intestin du chien de l'enzyme spécifique (la saccharase) ; de même, le chien adulte peut avoir du mal à digérer le lait par manque de lactase.

Les fibres ne sont pas digérées par les chiens et leur présence dans le régime alimentaire en réduit la densité et la concentration en énergie ; c'est pourquoi plus le contenu en fibres brutes est élevé, moins la valeur énergétique est grande. Cependant, la présence d'un peu de fibres dans la ration peut s'avérer utile, en particulier pour les chiens adultes sédentaires, dans la mesure où elles contribuent à maintenir un poids de forme et un corps pas trop gras. Les fibres réduisent le temps de transit des aliments dans le tube gastro-entérique et aide à prévenir la constipation. Un excès de fibres peut cependant être dangereux car il réduit la disponibilité des substances nutritives des aliments.

BESOINS EN GRAISSES ET ACIDES AMINÉS (PAR JOUR ET PAR KILO DE POIDS VIF)

Principe nutritif	*Croissance*	*Maintien*
Énergie métabolisable	200 Cal	74,2 Cal
Graisses	2,7 g	1 g
Acide linoléique	540 mg	200 mg
Protéines	9 g	4,5 g
Acides aminés		
Arginine	274 mg	21 mg
Histidine	98 mg	22 mg
Isoleucine	196 mg	48 mg
Leucine	318 mg	84 mg
Lysine	280 mg	50 mg
Méthionine cystine	212 mg	30 mg
Phénylalanine tyrosine	390 mg	86 mg
Thréonine	254 mg	44 mg
Tryptophane	82 mg	13 mg
Valine	210 mg	60 mg
– Total d'acides aminés indispensables	3 414 mg	1 266 mg

LES PROTÉINES

Elles forment une grande partie de la substance organique du corps de l'animal car elles sont des composantes indispensables du protoplasme, qui est la matière vivante de la cellule.

Leur fonction plastique est fondamentale et elles sont indispensables à la formation des muscles et autres tissus, des hormones, du sang, etc.

Les protéines revêtent donc une grande importance dans l'alimentation et en particulier dans celle des chiots, dont l'organisme est en phase de croissance, avec une augmentation quotidienne du nombre de cellules ; les protéines sont en outre nécessaires à la construction de nouvelles cellules en remplacement de celles qui sont détruites quotidiennement. Les protéines permettent donc à l'organisme des jeunes de se développer régulièrement et à celui des adultes de se maintenir en bonne santé.

Les protéines sont des substances quaternaires, c'est-à-dire composées de quatre éléments chimiques : carbone, hydrogène, oxygène et azote (C, H, O, N).

Elles sont constituées d'acides aminés associés par des liens peptidiques qui forment des chaînes complexes.

Les acides aminés qui constituent les protéines alimentaires sont une vingtaine et se divisent en essentielles et non essentielles, suivant qu'ils peuvent être synthétisés ou pas par le corps de l'animal, en quantité suffisante pour satisfaire les besoins journaliers. Pendant le processus de digestion, les protéines alimentaires sont scindées en acides aminés et absorbées par l'animal.

Les acides aminés sont ensuite anabolisés par le chien en tissus, poils et autres structures organiques. L'excédent de protéines est divisé et utilisé en partie comme source d'énergie ; ce qui reste, qui contient de l'azote, est évacué dans l'urine.

La valeur biologique d'une protéine est donnée par le rapport en pourcentage entre l'azote utilisé et l'azote absorbé. Si les aci-

des aminés essentiels ne sont pas suffisamment présents dans une protéine alimentaire, la capacité du chien à synthétiser la protéine spécifique dans les différents secteurs de l'organisme est réduite.
La déficience d'un acide aminé essentiel limite donc d'autant la possibilité d'utiliser les autres : cet acide aminé est appelé acide aminé limitant. Les chiens ne pouvant pas stocker les acides aminés, ceux-ci doivent être présents dans la ration journalière en bonne proportion.
On peut considérer les acides aminés suivant comme indispensables à une bonne croissance (NRA 1985) :

– Lysine
– Méthionine
– Thréonine
– Tryptophane
– Isoleucine
– Leucine
– Valine
– Phénylalanine
– Histidine
– Arginine

De nombreux facteurs peuvent faire varier les besoins en protéines du chien, au-delà de son état physiologique (croissance, entretien, grossesse, lactation, etc.).
Il existe des protéines moins digestes (protéines des tendons, de la peau, des cartilages, etc.) et d'autres plus digestes (des muscles, du foie, etc.). Grâce au contenu élevé en acides gastriques de leur estomac, les chiens peuvent digérer des protéines en cours de putréfaction, dont ils sont même friands.
Les sources alimentaires protéiques sont d'origine végétale (farine de soja, arachides, etc.) ou animale (viande, poisson, fromage, œuf, etc.) ; ces dernières sont mieux digérées et plus appétissantes pour le chien.
Lorsque le régime alimentaire associe deux ou plusieurs protéines, on obtient en général une valeur biologique supérieure à celle des protéines simples.
Il faut conserver un rapport adéquat entre quotas énergétiques et protéines ou, mieux, entre énergie et acides aminés. En effet, plus la valeur énergétique est élevée, plus grande doit être la teneur en acides aminés, afin de satisfaire les exigences plastiques. Un excès prolongé de protéines est dangereux car les protéines ne sont pas stockables dans l'organisme et sont fractionnées : une partie est utilisée en tant que source énergétique ; le reste, qui contient de l'azote, est éliminé dans les urines.

LES VITAMINES

Elles agissent en toutes petites quantités qui suffisent à développer leur action. Les vitamines ne fournissent pas d'énergie et ne sont pas non plus utilisées en tant qu'éléments plastiques. Elles interviennent toutefois directement ou indirectement dans de nombreux processus essentiels à la vie du chien et sont donc très importantes dans l'alimentation. La carence d'une ou plusieurs vitamines peut entraîner de graves déséquilibres, voire la mort. À l'inverse, l'excès de certaines vitamines est dangereux et peut également provoquer de sérieux problèmes.
Les vitamines sont le plus souvent produites par les organismes végétaux et seules quelques-unes sont synthétisées par la flore bactérienne intestinale des animaux (en particulier des herbivores).
C'est l'une des raisons qui expliquent que les chiens soient friands du contenu des intestins et des excréments des ruminants et des herbivores en général.
Les aliments administrés aux chiens contiennent aussi des

VITAMINES LIPOSOLUBLES

Vitamine	*Fonctions principales*	*Symptômes de carence*
A	Stimule la croissance, la protection des épithéliums et la défense contre les infections ; nécessaire pour la vie et la reproduction	Perte d'appétit, retard de croissance, xérophtalmie, lésions cutanées
D	Antirachitique, elle influence l'absorption du calcium et du phosphore	Rachitisme, articulations enflées, déformations des membres, déficience de l'ossification
E	Antioxydant naturel important pour la reproduction ; prévient la dystrophie musculaire	Stérilité mâle et femelle, dystrophie musculaire
K	Antihémorragique	–

vitamines, mais en quantités quelquefois insuffisantes ; il est donc nécessaire de les ajouter au régime alimentaire, en particulier pour les animaux en pleine croissance.
Le foie et les huiles de foie sont des sources de vitamine naturelles, de même que les œufs, les germes de céréales, les levures et les huiles végétales, etc. De nombreuses vitamines sont assez instables et perdent leur efficacité dans certaines circonstances, par exemple sous des températures élevées, à la lumière et lors d'une conservation prolongée.
En outre, certains aliments contiennent des facteurs antivitaminiques qui détruisent entièrement ou partiellement la disponibilité des vitamines, en augmentant ainsi le besoin. Lorsqu'on ajoute des vitamines à la pâtée du chien, il faut faire attention à ne pas les met-

VITAMINES HYDROSOLUBLES

Vitamine	*Fonctions principales*	*Symptômes de carence*
B_1 Thiamine	Elle règle le métabolisme des hydrates de carbone, stimule l'appétit et prévient les troubles nerveux	Anorexie, croissance irrégulière, coprophagie, troubles nerveux
B_2 Riboflavine	Elle intervient dans les processus d'oxydoréduction de la respiration cellulaire et dans le métabolisme des acides aminés et des graisses	Anorexie, hypothermie, perte de poids, apathie, lésions oculaires
Acide pantothénique	Il intervient dans le métabolisme des hydrates de carbone, des protéines et des graisses ; essentiel pour une bonne croissance	Retards de croissance
PP Acide nicotinique	Intervient dans le métabolisme des hydrates de carbone, des protéines et des graisses ; possède une action synergétique avec le tryptophane. Assure l'intégrité de la peau, des muqueuses et du système nerveux	Affections de la peau, de l'appareil digestif et du système nerveux
B_6 Pyridoxine	Nécessaire à plusieurs enzymes et intervient dans le métabolisme des acides aminés ; elle conditionne le travail musculaire et la croissance	Retards de croissance, perte de poids, anorexie
Acide folique	Règle le métabolisme protéique et participe à la synthèse de l'hémoglobine. Nécessaire pour une bonne production d'anticorps	Perte d'appétit et de poids, écoulements oculaires, anémie, diminution de la réponse des anticorps
H Biotine	Essentielle pour la croissance, la reproduction, un bon état du poil et de la peau	Dermatites possibles, perte de poil
B_{12} Ciano-cobalamine	Intervient dans le métabolisme des graisses, des hydrates de carbone et dans d'autres processus biologiques importants	Retards de croissance possibles et anémie
Choline	Intervient dans l'assimilation et le transport des graisses ; mobilise les graisses déposées dans le foie	Retards de croissance, dégénérescence du foie
C Acide ascorbique	Il n'est pas nécessaire de l'ajouter au régime d'un chien en bonne santé	–

tre dans une nourriture trop chaude. Faites aussi attention aux aliments que vous utilisez, car ils sont souvent déjà renforcés en vitamines (lisez toujours l'étiquette du produit) et une accumulation de compléments en vitamines pourrait entraîner des excès dangereux.

LES SELS MINÉRAUX

Ce sont des composantes essentielles de tous les tissus de l'organisme et partie intégrante des hormones et des enzymes ; en outre, ils participent aux processus osmotiques et à l'équilibre acido-basique du corps.
Leur carence peut provoquer des dysfonctionnements organiques.
Il faut cependant avoir à l'esprit que l'excédent de sels minéraux peut entraîner des intoxications qui peuvent être mortelles.
Parmi les sels minéraux, on distingue des éléments inorganiques qui doivent être présents en quantités importantes (comme le calcium, le phosphore, le magnésium, le potassium, le sodium et le chlore), tandis que d'autres ne doivent être présents qu'à l'état de traces (éléments oligo-dynamiques), comme le manganèse, le fer, le cuivre, le zinc, l'iode et le sélénium.

Calcium et phosphore : ils interviennent conjointement dans de nombreuses fonctions organiques comme la formation du tissu osseux, formé principalement de phosphate de calcium. Le calcium est en outre indispensable dans de nombreux processus biologiques, comme la coagulation du sang, la contraction microcardiaque, l'équilibre acido-basique du corps, etc.
En plus de prendre part à la formation des os et à l'équilibre acido-basique, le phosphore intervient dans le métabolisme des hydrates de carbone et des graisses et il est présent en tant que composant organique de toutes les cellules et de nombreux enzymes.
Pour être bien utilisés, ces deux sels minéraux doivent être administrés de manière équilibrée.
Le rapport idéal dans le régi-

Besoins en sels minéraux et en vitamines (par jour et par kg de poids vif)

Principe nutritif	*Croissance*	*Entretien*
Énergie métabolisable	200 Cal	74,2 Cal
Sels minéraux		
Calcium	320 mg	119 mg
Phosphore	240 mg	89 mg
Potassium	240 mg	89 mg
Sodium	30 mg	11 mg
Chlore	46 mg	17 mg
Magnésium	22 mg	8,2 mg
Fer	1,74 mg	0,65 mg
Cuivre	0,16 mg	0,06 mg
Manganèse	0,28 mg	0,10 mg
Zinc	1,94 mg	0,72 mg
Iode	0,032 mg	0,012 mg
Sélénium	0,006 mg	0,002 mg
Vitamines		
A	202 UI	75 UI
D	22 UI	8 UI
E	1,2 UI	0,5 UI
K	60 UI	24 UI
Thiamine (B_1)	54 mcg	20 mcg
Riboflavine (B_2)	100 mcg	50 mcg
Acide pantothénique	400 mcg	200 mcg
Acide nicotinique (PP)	450 mcg	225 mcg
Pyridoxine (B_6)	60 mcg	22 mcg
Ac. Folique	8 mcg	4 mcg
Biotine (H)	6 mcg	
Ciano-cobalamine (B_{12})	1 mcg	0,5 mcg
Choline	50 mg	25 mg

me alimentaire des chiens est de 1,2 :1 à 1,4 :1 (Ca :P) suivant le poids du chien. Pour les utiliser, la présence de vitamine D_3 est également nécessaire.
Les carences éventuelles provoquent des retards de croissance, le rachitisme, des os manquant de sels minéraux à l'aspect poreux, peu résistants et facilement fracturables.
On voit souvent, dans la pratique, des chiens qui ne reçoivent pas un apport correct en calcium, ou alors administré de manière incorrecte, et souvent excessive, en injections.

Sodium et chlore : ils sont généralement administrés sous forme de chlorure de sodium (sel de cuisine), même si beaucoup croient, à tort, que le chien n'en a pas besoin. En réalité, comme chez tous les animaux, ces sels minéraux interviennent dans le maintien du bilan hydrique du corps et sont présents, en particulier, dans le sang et les liquides organiques.
Les régimes secs contiennent en général 1 % de chlorure de sodium.
Les carences éventuelles provoquent une faible résistance à la fatigue, un retard de croissance, la peau sèche et la perte du poil.

Potassium : il est nécessaire pour une activité musculaire et cardiaque normale.

Fer et cuivre : ils sont nécessaires à la formation de l'hémoglobine, qui est l'une des composantes du sang et joue une action anti-anémique. Ils sont en outre une partie active de différents enzymes.

QUELQUES PRÉCAUTIONS

Les chiens ont des exigences différentes de l'homme :
– l'eau fraîche doit toujours être présente ;
– ne laissez pas à disposition des restes de nourriture ;
– ne donnez pas d'os longs de poulet ou de lapin ;
– ne donnez pas d'arêtes de poissons ;
– ne donnez pas de sucres et de gâteaux.

Une bonne dentition est fondamentale pour une bonne mastication

Magnésium : il est indispensable et étroitement lié au métabolisme du calcium et du phosphore, en plus des hydrates de carbone.
Les régimes alimentaires qui en manquent provoquent des retards de croissance. L'excès augmente la diurèse et a des effets laxatifs.

LES ALIMENTS DU RÉGIME ALIMENTAIRE

Viande : il s'agit en général des rebuts de viande de boucherie destinée aux hommes. Elle peut être donnée crue ou cuite, suivant la qualité ; la viande de porc est la seule à devoir toujours être bien cuite à cause des dangers d'infection (maladie de Aujezsky et trichinose). Le contenu protéique et énergétique varie considérablement suivant les taux de graisses contenus.
Pour les chiens adultes, mieux vaut couper la viande en morceaux et la hacher pour les chiots.

Viande de bœuf : il s'agit des restes et des rebuts comme certains abats, les organes génitaux, la rate, etc. Elle est d'autant plus digeste et d'une grande valeur biologique que la quantité de muscle est importante, et au contraire moins intéressante si elle contient beaucoup de tendons, de cartilages et de collagène. Une certaine quantité de graisse, qui peut être plus ou moins élevée, est toujours présente.

Volaille : on l'obtient à partir des carcasses de poulet et des têtes. Elle contient des protéines faciles à digérer et d'une bonne valeur biologique ; en général, elle est cependant riche en os et en graisses, car on y inclut la peau et la graisse sous-cutanée. Un excès d'os, même haché, peut provoquer la constipation chez les chiens âgés et sédentaires.

Abats : ils sont constitués de viscères comme le cœur, le foie, les reins, les tripes, le cerveau, la rate, l'estomac des volailles, etc.
Leur contenu protéique est en général inférieur à celui des muscles, mais ce sont de très bons aliments, que les chiens apprécient. Ils doivent être administrés cuits.

Poisson : c'est un très bon aliment dont les protéines sont digestes et d'une grande valeur biologique, plus appétissant lorsqu'il est cuit. Il est recommandé aux chiots et aux animaux en croissance. Il faut

faire attention aux arêtes, qui doivent être enlevées ou hachées. Préférez les poissons maigres et d'eau de mer.
On peut aussi donner du poisson séché, en particulier l'hiver. La farine de poisson peut être ajoutée à la ration. Le poisson est riche en vitamines et sels minéraux, en particulier en phosphore.

Œufs : ce sont de très bons aliments, riches en protéines graisses et vitamines. Le jaune peut être administré cru, alors que le blanc doit toujours être cuit. Ils sont particulièrement indiqués pour les chiots et, pendant la lactation, ils peuvent remplacer partiellement la viande ou le poisson.

Lait : c'est un très bon aliment qui apporte protéines, graisses, vitamines et sels minéraux. Il doit être l'un des aliments principaux du chiot. Le chien adulte le digère souvent difficilement par manque de lactase, l'enzyme spécifique qui permet de digérer le lait. Il existe cependant une grande variabilité de tolérance d'individu à individu, qui dépend souvent des habitudes alimentaires.

Lard, graisses et huiles végétales : très bonnes sources caloriques, ils sont très appétissants pour les chiens, qui ont tendance à en manger un peu trop.
Ils sont particulièrement utiles aux chiens qui travaillent et accomplissent des efforts physiques, mais une certaine quantité est nécessaire : il est donc conseillé d'ajouter à la ration quelques cuillères d'huile d'olive ou de graines.
Le poil et la peau du chien en tireront de nombreux bienfaits et seront plus beaux et brillants.

Riz et pâtes : ce sont des sources d'énergie car ils sont riches en amidon, largement employés dans l'alimentation du chien, dont ils forment 46 à 60 %. Ils doivent être bien cuits car le chien ne digère pas l'amidon qui doit être transformé en dextrine par la cuisson.

Il faut donner les repas à heures fixes

Pain sec : c'est une grande source énergétique, en général appréciée par le chien. Il doit être bien sec et laissé à l'air libre. Il ne doit pas être moisi, car cela peut nuire à l'animal.

Flocons de céréales et riz soufflé : ils peuvent remplacer le riz, les pâtes et le pain en tant que source énergétique ; les céréales telles quelles ne sont pas digestes pour les chiens et doivent donc subir un processus de cuisson ou mécanique (extrusion, soufflage) en mesure de provoquer la dextrinisation de l'amidon.
Tous les flocons ne sont pas bien traités et certains sont plus digestes que d'autres.
En employant ces produits, très volumineux, il faut se rappeler que leur apport nutritionnel est toujours fonction de leur poids, et non de leur volume. Pour doser les aliments, servez-vous d'une balance.

Fruits et légumes : leur présence dans le régime alimentaire n'est pas indispensable, même si beaucoup les conseillent. L'apport nutritionnel, bien qu'il dépende du légume employé, est généralement faible.
La perte de temps employée à préparer les légumes, dont le chien n'est d'ailleurs pas très friand, est donc un peu inutile.
Le plus grand intérêt des légumes réside dans leurs fibres brutes qui, comme nous l'avons dit, ne sont pas digestes et sont éliminées dans les excréments. Ils peuvent être relativement utiles pour les chiens sédentaires qui ont tendance à l'obésité ou à la constipation ; mais les légumes peuvent être remplacés par quelques cuillerées de son, qui joue un rôle diététique et permet un bon apport en sels minéraux et vitamines.
Les carottes râpées peuvent être données au chien qui présente des problèmes gastro-entériques, mais leur emploi ne se justifie pas pour les chiens en bonne santé.
Les pommes de terre sont à éviter car elles peuvent contenir de la solanine qui a un effet toxique sur les chiens.
Les fruits peuvent être appréciés par certains chiens, mais n'ont pas d'indications diététiques particulières.

Une bonne alimentation se reflète aussi dans l'énergie, la vitalité et l'aspect général du Labrador

Il ne faut jamais laisser traîner la gamelle du chien après l'heure du repas

Eau : le chien doit toujours en avoir à disposition et il saura boire en fonction de son type d'alimentation et du climat. Si le chien mange des aliments secs, sa consommation augmente.

ALIMENTS TOUT PRÊTS

Ces dernières années, on a assisté à une augmentation notable de la diffusion des aliments pour chiens prêts à l'usage.
L'augmentation de ces produits a entraîné une amélioration qualitative considérable et l'emploi de technologies de préparation sophistiquées. Il est donc important de connaître les différents types d'aliments dans le commerce pour pouvoir les employer au mieux.
Une lecture soigneuse de l'étiquette sur les paquets permet une analyse et fournit des informations utiles.
On peut d'abord faire la distinction entre :
– *aliments simples* : différents produits d'origine animale ou végétale (par exemple le riz soufflé) ;
– *compléments* : mélange de produits, qui contiennent des taux élevés de certaines substances, auxquels il faut absolument ajouter d'autres aliments ;
– *aliments complets* : mélanges de produits d'origine animale et/ou végétale qui satisfont les exigences nutritives journalières. Il faut voir si l'aliment utilisé est complet, ou s'il est riche en substances ajoutées (c'est-à-dire s'il suffit à assurer un régime journalier équilibré) ou s'il s'agit d'un aliment complémentaire qui présente des contenus élevés en certaines substances (par exemple des protéines). À cause de leur formule particulière, ce dernier genre d'aliments garantit au chien une ration journalière correcte à condition qu'il soit associé à d'autres aliments.

Suivant leur degré d'humidité, on peut distinguer :
– *les aliments secs* : leur humidité est inférieure ou égale à 14 % ; ils peuvent être conservés assez longtemps et sont les plus répandus car faciles à utiliser et assez bon marché. Moins appétissants que ceux en boîte, ils sont généralement composés de mélanges de céréales (froment, maïs, orge, riz), de farine de

poisson ou de viande, de soja, de lait en poudre et de graisses, avec l'ajout d'un apport en vitamines et en sels minéraux ;
– *les aliments semi-humides* : leur humidité est comprise entre 14 et 34 % et sont surgelés ou en boîte. Ils sont en général constitués de résidus de boucherie (viandes bovine, volaille, abats, etc.), céréales, soja et légumes.
Ils sont appétissants pour le chien et doivent être administrés en ajoutant des flocons de céréales, du pain, des pâtes et du riz. Leur prix est plutôt élevé si l'on considère leur contenu élevé en eau.

LA QUALITÉ DES ALIMENTS TOUT PRÊTS

La loi européenne sur les aliments tout prêts pour animaux est précise et détaillée et protège le consommateur.
Il faut cependant savoir que la qualité d'un aliment dépend de la matière première employée, des traitements, de la forme (flocons, extrusion, expansé, soufflé, en biscuit, etc.) et du procédé de conservation.
Chaque paquet doit être accompagné d'une étiquette qu'il faut savoir lire attentivement car elle recèle des informations précieuses :
– les composants : ils doivent être indiqués dans l'ordre décroissant de quantité, en précisant en détail la typologie (par exemple type de viande) ;
– l'analyse chimique : elle vous informe du contenu en pourcentages sur les principes nutritifs présents ;
– l'apport : en sels minéraux et en vitamines ajoutés par kilo d'aliment ;
– les instructions : elles expliquent comment administrer l'aliment et en quelle quantité, sur la base de l'expérience du producteur ;
– la date de péremption : la période pendant laquelle l'aliment peut être consommé sans risque.
Les aliments complets permettent une formulation du régime en fonction des besoins réels du chien, avec un rapport correct entre protéines et énergie et avec un bon apport en vitamines et en sels minéraux, dans de bonnes proportions, ce qui est parfois difficile à faire seul. Il est clair que la qualité dépend des matières premières utilisées et des technologies employées.
Ces dernières années, la concurrence a toutefois apporté une amélioration qualitative notable et, comme pour d'autres animaux (homme compris), on prévoit pour les chiens une utilisation croissante d'aliments tout prêts, de plus en plus largement employés.

CONSEILS POUR LA PRÉPARATION DE LA RATION

Nous avons vu que la solution qui consiste à utiliser des aliments tout prêts est la plus simple et la moins contraignante, mais beaucoup ne veulent pas renoncer au plaisir de cuisiner le repas de leur chien et préparent chaque jour la traditionnelle pâtée. La solution la plus simple peut être

L'alimentation doit être adaptée à l'âge du chien

d'associer des aliments tout prêts et des aliments simples qui, sans éliminer la possibilité de doser chaque ingrédient en fonction des besoins du chien, ne nécessite pas de cuisiner particulièrement. Les légumes cuits peuvent par exemple être ajoutés à la ration, mais ne sont pas nécessaires et peuvent aussi bien être remplacés par quelques cuillerées de son.

Pour remplacer le riz et les pâtes, vous pouvez utiliser un mélange de céréales ou du riz soufflé, mouillés dans de l'eau ou du bouillon.

Utilisez une balance pour doser ces ingrédients, car ils sont très volumineux et peuvent facilement vous tromper sur les quantités à administrer. Prenez soin d'ajouter un peu de son et une cuillerée d'huile à l'apport en vitamines et sels minéraux.

La viande fraîche peut être remplacée par de la viande congelée ou en boîte. La quantité à administrer varie considérablement suivant la taille de l'individu, l'activité et le climat, sans parler de l'état physiologique (grossesse, lactation, croissance) et la présence d'autres chiens qui peuvent créer une compétition. Le froid entraîne une augmentation considérable des besoins énergétiques ; il faut augmenter en conséquence la quantité de graisse.

L'été, quand il fait chaud, le chien mange moins ; essayez donc de maintenir le même pourcentage de viande et de diminuer l'apport énergétique (céréales et graisses).

Le chien âgé d'au moins un an et demi peut ne prendre qu'un repas par jour, qui doit cependant être donné à heure fixe.

Il ne faut pas laisser les restes du repas à sa disposition.

ALIMENTATION DU CHIOT

On peut commencer à ajouter à l'alimentation maternelle, dès le 25e jour de vie, un petit repas constitué de lait de vache additionné d'un jaune d'œuf pour 100 ml.

Ce n'est qu'à l'âge d'un mois que le sevrage commence avec une alimentation artificielle. Le lait de la chienne est plus nourrissant que le lait de vache et plus riche en protéines et en graisse. Il permet une croissance rapide du chiot, qui double son poids au cours des premiers jours.

Un sevrage précoce épargne la mère, surtout lorsque la portée est nombreuse.

Les chiots sont séparés de leur mère pendant des intervalles de plus en plus longs et, entre l'âge de 45 à 55 jours, ils doivent être complètement sevrés et alimentés uniquement de façon artificielle.

Les toutes premières semaines, on associe le lait de vache avec un peu de viande de très bonne qualité hachée fin ; on passe ensuite à une alimentation plus sèche, constituée de :

- viande et/ou poisson de bonne qualité ;
- riz bien cuit et/ou flocons de céréales ;
- lait ;
- une cuillerée à soupe d'huile d'olive (crue) ;
- des vitamines et des sels minéraux.

Le lait, la viande et le poisson doivent prédominer sur les céréales et former 80 % de la ration pour des chiots de 40 jours et 60 % à l'âge de deux mois. On augmentera progressivement le pourcentage de céréales par rapport à la viande. Celle-ci peut être administrée crue, si elle est de bonne qualité, ou légèrement cuite.

Pendant la croissance, mieux

vaut donner au chiot un jaune d'œuf cru trois ou quatre fois par semaine. Les céréales peuvent être remplacées par du pain sec trempé dans le lait. Assurez-vous que les apports en sels minéraux et en vitamines contiennent suffisamment de calcium et de phosphore.

ALIMENTATION DES REPRODUCTEURS

Le mâle comme la femelle ne doivent pas être trop gras ; un excès de dépôts adipeux réduit l'efficience reproductive.
Pendant le premier mois de gestation, les besoins alimentaires ne se modifient pas sensiblement ; il suffit donc d'augmenter légèrement l'apport en vitamines et en sels minéraux et d'administrer un jaune d'œuf cru un jour sur deux. Pendant le deuxième mois, on passera à deux repas par jour et on prendra soin d'améliorer la qualité de la viande, dont la quantité augmentera. Continuez à donner un jaune d'œuf un jour sur deux et augmentez l'apport en vitamines et sels minéraux et n'oubliez pas de toujours ajouter une ou deux cuillerées d'huile d'olive.
Les besoins majeurs (deux ou trois fois) se vérifient cepen-

CARACTÉRISTIQUES DU LAIT

	Lait de vache (%)	*Lait de chienne (%)*
Eau	87,5	76,5
Protéines	3,3	8,8
Graisses	3,7	10,2
Cendres	0,7	1,3
Lactose	4,8	3,2

dant au moment de la lactation. Durant cette période, on passe à trois repas par jour ; la ration doit être nourrissante et comprendre des aliments de très bonne qualité et toujours humides (jamais d'aliments secs) car la quantité d'eau nécessaire à la femelle est très importante.
Certaines chiennes ont l'habitude de vomir après le repas pour faire manger leurs petits ; c'est un instinct primordial tout à fait naturel qui ne doit pas vous inquiéter.
Les mâles reproducteurs ne sont pas soumis aux mêmes efforts métaboliques particuliers, et nécessitent donc un régime alimentaire normal.
Dans le cas des reproducteurs soumis à des rythmes intenses, il faut en revanche employer des régimes concentrés, peu volumineux et comprenant un fort apport en vitamines.
L'ajout d'un jaune d'œuf par jour peut être utile. Il est préférable que les mâles soient accouplés assez longtemps après les repas.

SANTÉ ET HYGIÈNE

PAR LE PROFESSEUR L. GUIDOBONO CAVALCHINI ET LE DOCTEUR C. CRISTOFALO

Tout propriétaire de chien doit avoir un vétérinaire de confiance auquel s'adresser pour se faire conseiller et qui puisse intervenir en cas de problème de santé. Vous ne pourrez jamais vous substituer au vétérinaire : de même que toute famille a son médecin auquel tous ses membres s'adressent pour prévenir et soigner les maladies, de même il faut connaître un vétérinaire auquel confier son chien, de façon à ce qu'il puisse le suivre dans le temps pour les vaccinations habituelles et les interventions en cas d'urgence. Le rapport de confiance et la constante collaboration entre propriétaire et vétérinaire sont indispensables pour effectuer un diagnostic correct et intervenir avec une thérapie appropriée.
Mais c'est vous qui vivez en contact constant avec votre

Le chien doit toujours avoir de l'eau à disposition

chien et vous avez le devoir de vous rendre compte de tous les problèmes et de communiquer au vétérinaire les éventuels changements observés chez votre animal et les symptômes rencontrés. Il est donc important d'apprendre à reconnaître les éventuelles maladies, en saisissant ces changements de comportement et d'état général dans les différentes phases de la vie (alimentation, promenades, jeu, sommeil, etc.) qui devraient vous alerter. Ce sera ensuite à votre vétérinaire de confiance d'effectuer un diagnostic et de mettre en œuvre une thérapie adéquate.
En effet, par exemple, certains médicaments utilisés par l'homme comme les anti-inflammatoires (aspirine, etc.) s'avèrent très toxiques pour le chien. Mieux vaut donc toujours se fier aux conseils d'un expert. En l'absence de son vétérinaire, on peut s'adresser à des structures d'urgence qui sont en mesure d'intervenir, même de nuit.

LES CONTRÔLES PÉRIODIQUES

Le poil doit être inspecté régulièrement, en palpant les différentes parties du corps et en retirant les éventuelles baies ou parties de ronces qui peuvent s'y être accrochées. Si la robe forme un voile compact, il faut l'ouvrir à l'aide des mains de façon à pouvoir inspecter la peau. Tous les deux ou trois mois, vérifiez les ongles pour vous assurer qu'ils ne deviennent pas trop longs, au risque de se casser. Ce contrôle doit être effectué tout particulièrement sur les chiens peu actifs. En effet, les ongles des chiens actifs se consument naturellement et ont rarement besoin d'être coupés.
Les ergots méritent une attention particulière ; placés sur la face interne des membres postérieurs, ils n'appuient pas par terre. C'est justement pour cette raison que leurs ongles ne s'usent pas ; chez certaines races, leur élimination est prévue, tandis que chez d'autres, leur présence est exigée. Lorsqu'ils sont présents, il faut vérifier périodiquement la longueur des ongles.
Les ongles sont toujours très peu coupés et, les premières fois, mieux vaut s'adresser à un expert, pour éviter de faire mal au chien et de provoquer des blessures.
Il faut également nettoyer les yeux à l'aide d'un Coton-Tige trempé dans de l'eau tiède ou, mieux, dans de l'eau boriquée.
On doit également contrôler les oreilles, en les nettoyant à l'aide d'un morceau de coton placé au bout d'une pince et en utilisant le liquide approprié qui permet de dissoudre le cérumen.
Quelquefois, il est d'abord nécessaire d'enlever le poil mort à l'aide d'une pince, car il pour-

SIGNES DE BONNE SANTÉ

- Le comportement est attentif, vif, et le chien répond rapidement aux sons et aux rappels.
- L'appétit est vigoureux, enthousiaste.
- L'haleine n'est pas odorante.
- Les yeux ne pleurent pas et ne sont pas rouges.
- Les oreilles sont propres, sans dépôts, irritations ou griffures.
- La peau est élastique, propre et sans inflammation.
- Le poil est propre, brillant et lisse.
- La respiration est rapide uniquement pendant l'effort ou lorsqu'il fait très chaud, sans toux.
- L'abdomen est fin vers les pattes postérieures, non dilaté et facilement palpable.
- Les excréments sont formés, sans traces de sang.
- Le pas est élastique, joyeux et ne traîne pas.

SYMPTÔMES DE MALAISE

- Manque de volonté, abattement, refus de jouer.
- Manque d'appétit (anorexie).
- Vomissements et/ou diarrhée persistants.
- Écoulement nasal et conjonctival.
- Soif et/ou faim anormales (polydipsie et polyphagie).
- Température rectale élevée (supérieure à 39 °C).

PARAMÈTRES PHYSIOLOGIQUES DE RÉFÉRENCE

Paramètre	*Chiot*	*Adulte*
Température rectale (°C)	38-39	37,5-38,8
Fréquence respiratoire (par min)	20-22	14-20
Pulsations cardiaques (par min)	100-130	60-120

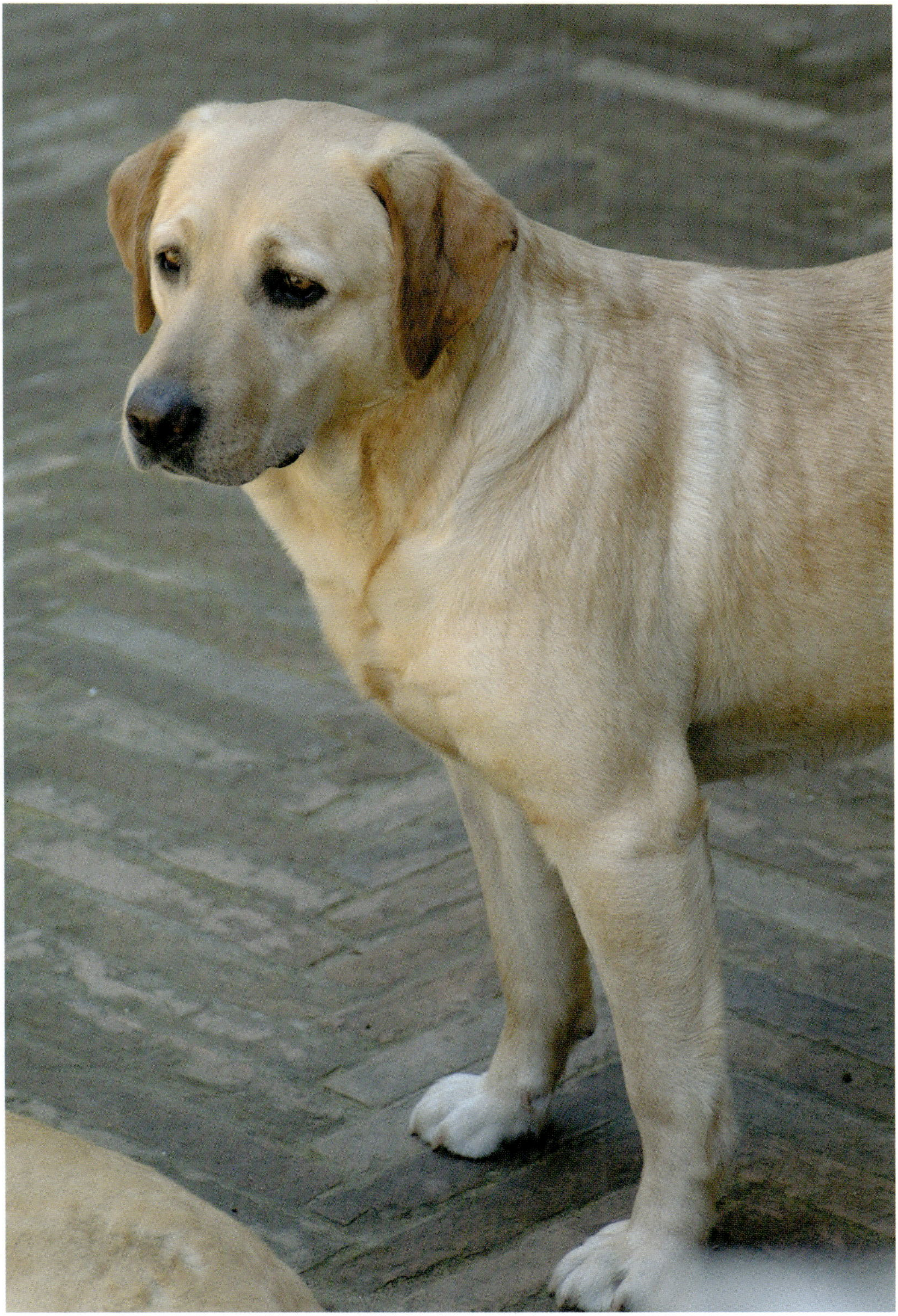

La double robe du Labrador est un isolant parfait y compris sous les climats les plus froids et elle n'a pas besoin de beaucoup d'entretien

rait se déposer au fond du conduit auditif et provoquer une inflammation. Le chien étant sujet aux otites, si les oreilles sentent mauvais ou que le chien secoue la tête ou gémit dès qu'on lui caresse la tête il faut tout de suite l'emmener chez le vétérinaire pour que l'otite ne devienne pas chronique.

Il faut apporter une attention toute particulière aux dents qui, chez les chiens âgés, sont sujettes à la formation de tartre. Pour l'éviter, il faut en ôter les traces en utilisant des produits spécialisés ; toutefois, si les dépôts sont importants, mieux vaut, là encore, recourir au vétérinaire.

LES PRINCIPALES MALADIES INFECTIEUSES

Au cours de sa vie, le chien est mis en contact avec de nombreux agents infectieux (virus, bactéries, etc.) qui peuvent, dans certains cas, entraîner des maladies. Et il est donc très important d'observer les principales normes hygiéniques et de prophylaxie pour éviter la contagion par d'autres animaux malades, en particulier lorsque l'animal est jeune et qu'il n'a pas encore effectué toutes ses vaccinations. Rappelons de manière schématique les principales maladies infectieuses.

Maladie de Carré

Étiologie : pseudomyxovirus avec complications par des bactéries d'irruption secondaire.

Transmission : hautement contagieuse par contact direct ou indirect ; elle frappe les chiens à tous les âges.

Sa période d'incubation va de 3 à 7 jours.

Symptômes : sécrétions nasales et oculaires parfois purulentes ; conjonctivite avec photophobie ; toux avec complications pulmonaires qui peuvent aller jusqu'à la bronchopneumonie ; gastro-entérite ; température très élevée (41 °C) dans la première phase de la maladie, à

peu près normale durant le stade suivant, à développement principalement nerveux. Pendant cette phase, des dégâts irréversibles se produisent parfois sur le système nerveux (paralysie du train postérieur et tics nerveux). Cette maladie est fréquente et mortelle.
Prophylaxie : vaccinations et rappels.

HÉPATITE VIRALE OU INFECTIEUSE

Étiologie : adénovirus.
Transmission : par contact à travers les muqueuses et la peau ; incubation de 3 à 9 jours environ.
Symptômes : cadre polymorphe, avec température élevée au début de la maladie ; conjonctives cireuses et iridocyclite ; inflammation des amygdales ; apparition de pétéchies hémorragiques sur la peau de l'abdomen ; ventre douloureux ; opacité des cornées qui apparaît après 1 à 3 semaines.
Une fois guéris, les chiens peuvent continuer à être porteurs du virus pendant assez longtemps.
Prophylaxie : vaccination et rappels. En général, le vaccin est associé à celui de la maladie de Carré.

HERPÈS

Étiologie : herpès virus.
Transmission : intra-utérine et par contact.
Symptômes : forme néonatale presque toujours mortelle. Chez les chiots plus âgés, plusieurs appareils peuvent être touchés et des diarrhées, vomissements ou trachéites peuvent se manifester, ainsi que des symptômes nerveux. Chez l'adulte, le symptôme le plus fréquent est une laryngo-trachéo-bronchite accompagnée de rhinite. Une forme génitale existe chez les deux sexes.

PARVOVIROSE

Étiologie : parvovirus.
Transmission : c'est un virus très résistant et hautement contagieux, en particulier chez les chiots.
Symptômes : gastro-entérite hémorragique, vomissements, diarrhée, déshydratation et perte de poids, abattement hypothermie, leucopénie. Il existe une forme cardiaque en général fatale.
Prophylaxie : vaccination et rappels.

TOUX DU CHENIL OU TRACHÉO-BRONCHITE INFECTIEUSE

Étiologie : nombreux virus comme les CDV, CAV-1, CAV-2, CPiV ; des bactéries comme *Bordetella bronchiseptica* et des mycoplasmes.
Transmission : elle se propage très rapidement dans les chenils ou les pensions où le nombre de chiens est élevé.
Symptômes : laringo-trachéo-bronchite à développement bénin avec toux.
Prophylaxie : vaccination et rappels.

RAGE

Étiologie : rhabdovirus.
Transmission : contagion par la salive d'un animal mordeur. Beaucoup de mammifères sauvages et domestiques, homme compris, y sont réceptifs.
Symptômes : le système nerveux est atteint par une paralysie progressive ; dans la forme muette, le chien prend une attitude indifférente et apathique avec une dépression du SNC (système nerveux central) et paralysie de la mandibule, des cordes vocales ou d'autres groupes musculaires avec une perte de salive consécutive, aphonie et incapacité de déglutir et de boire. Dans la forme virulente, une première phase de grande agitation est suivie d'un état hyperexcité avec salivation abondante et hululements fréquents.
À la fin, apparaît une paralysie plus étendue et la mort de l'animal.
Elle doit être rigoureusement contrôlée, car elle est transmissible à l'homme et peut entraîner la mort.
Prophylaxie : vaccination et rappels.

LEPTOSPIROSE

Étiologie : leptospires (*L. canicola*, *L. itteroemorragica* et autres).
Transmission : principalement par voie orale ; elle frappe les chiens et de nombreuses autres espèces animales, y compris l'homme ; le rat et la souris en sont les principaux vecteurs.
Symptômes : elle présente des cadres pathologiques de gravité variable : des néphrites peuvent apparaître, ainsi que des conjonctivites, des paraly-

sies légères du train postérieur, des gastrites accompagnées de vomissements, des déficits cardio-circulatoires, des jaunisses et, plus rarement, des bronchopneumonies. Le développement est souvent mortel.

Prophylaxie : vaccinations pour les souches les plus communes, à renouveler régulièrement, au moins une fois par an, et bonnes règles d'hygiène générales.

LES VACCINATIONS

La mise en œuvre d'un bon programme de vaccinations est une bonne garantie pour la santé de votre chien. Aucun programme n'est cependant universellement valable. Suivant l'état sanitaire et épidémiologique de votre région, c'est votre vétérinaire qui vous conseillera le schéma le mieux adapté.

On obtient en général de bonnes réponses immunitaires à partir de l'âge de 90 jours ; une certaine protection est cependant nécessaire avant cela, en particulier contre la parvovirose et la maladie de Carré : il faudra donc renouveler les vaccins. Lorsqu'on achète un chiot, celui-ci a normalement été vacciné au moins deux fois contre la parvovirose et au moins une fois contre la maladie de Carré et, éventuellement, contre la leptospirose. Sachez cependant que, pour obtenir une bonne protection, il faut renouveler les vaccinations après l'âge de 90 jours et que, avant cela, l'immunité sera difficilement totale et qu'il faudra donc exposer le moins possible le chiot à d'éventuelles possibilités de contagion, en évitant de l'emmener dans des endroits fréquentés par d'autres chiens. En outre, il faut être attentif pendant 7 à 10 jours après la vaccination (et aussi après les rappels) car le chiot est alors plus vulnérable.

Faites vacciner votre chien quand il est en bonne santé et après un traitement vermifuge ou une analyse négative des excréments.

Le Labrador vit bien à la maison et quelques puces ne doivent pas devenir un problème de cohabitation

LES PARASITES EXTERNES

PUCES

Le chien est infesté au contact d'autres chiens, de chats ou tout simplement par le milieu (tapis, parquet) où peuvent se trouver les œufs. Les puces déposent en effet leurs œufs sur leur hôte et ils tombent ensuite au sol, contaminant le milieu ambiant.
Les puces sucent le sang et irritent la peau, provoquant des lésions localisées qui grattent beaucoup.
Chez certains chiens, quelques parasites suffisent à provoquer de véritables allergies.
Les puces peuvent en outre transmettre d'autres maladies, comme le ténia.
L'homme ne peut être qu'un hôte occasionnel et n'est que très rarement mordu par les puces du chien.
Inspectez régulièrement le poil de votre ami à quatre pattes, en particulier la zone derrière les oreilles, sur le ventre ou entre les doigts : vous observerez peut-être de petits grumeaux de sang, les œufs du parasite (des petits points sombres) ou la puce elle-même, qui se déplace rapidement. Si nécessaire, utilisez des produits antiparasitaires, à vaporiser sur le poil, ou en poudre, en appliquant le traitement à intervalles réguliers, suivant les instructions de l'emballage. On obtient aussi de bons résultats en utilisant des produits à prendre par voie orale. Mieux vaut ne pas utiliser de colliers antiparasites sur les jeunes chiots ou si de jeunes enfants vivent dans la maison.

TIQUES

Elles sont très répandues et peuvent infester, outre le chien, de nombreuses autres espèces comme les chats, les rongeurs, les herbivores et même l'homme. Il en existe plusieurs espèces et genres. Les plus présentes en Europe sont : *Rhipicephalus sanguineus*, *Dermacentor reticulatus* et *Ixodes ricinus*.
Les facteurs climatiques conditionnent fortement la présence de la tique dans le milieu ambiant, dans la mesure où les œufs et les larves ont besoin d'un fort taux d'humidité. Les tiques se répandent particulièrement au printemps et en automne.
Le dimorphisme sexuel est en général marqué : le mâle est notablement plus petit et peut ne prendre qu'un petit « repas » de sang. Une femelle peut déposer de 1 000 à 15 000 œufs d'une couleur brun rosé, visibles à l'œil nu, d'environ 0,5 mm ; elle meurt après les avoir déposés. L'incubation des œufs peut varier considérablement suivant le climat.
Une présence massive de tiques peut déprimer l'organisme à cause du manque de sang, mais la tique est particulièrement dangereuse surtout à cause des différentes maladies qu'elle transmet, de la piroplasmose, qui peut être fatale pour le chien, à l'ehrlichiose, la maladie de Lyme, l'épatozoonose canine ou l'emorbatonellose canine.
Les tiques peuvent piquer l'homme et lui transmettre des maladies. L'homme est cependant le plus souvent piqué quand le chien n'est pas là, car ce dernier reste la victime préférée de la tique. Il est donc très important de contrôler périodiquement votre chien.
Vous pouvez utiliser de nombreux produits antiparasitaires, en général sous forme de spray ou de bains. Dans les zones endémiques, il faut effectuer des traitements préventifs au début du printemps et au début de l'automne. Ne retirez pas les tiques avant de les avoir tuées à l'aide d'un antiparasitaire car elle est fortement fixée dans la peau et le rostre pourrait rester fiché dedans.
D'autres parasites externes peuvent aussi infester le chien :
– *Cheiletielle* (arthropodes qui provoquent le prurit cutané) ;
– *Sarcoptes canis* (arthropodes qui provoquent la gale) ;
– *Demodex canis* (arthropodes qui provoquent la gale rouge) ;
– *Otodectes cynotis* (arthropodes qui provoquent des otites avec gale auriculaire).

LES PARASITES INTERNES

NÉMATODES OU VERS RONDS

Ascarides : les ascarides (*Toxocara canis* et *Toxascaris leonina*) sont des parasites intestinaux très fréquents qui peuvent toucher les adultes comme les chiots (ceux-ci sont presque toujours infestés). Les haies publiques des villes, souillées par de nombreux chiens, sont des lieux à haut risque.
Les vers adultes produisent leurs œufs dans l'intestin grê-

le du chien et ceux-ci sont expulsés avec les selles et passent ainsi dans le milieu ambiant, où ils peuvent être léchés et ingérés directement par un autre chien ou être transportés par un hôte intermédiaire comme le rat. Le chiot est infecté par le placenta ou les mamelles de sa mère. Ces parasites frappent l'appareil gastro-entérique, mais ils provoquent aussi des dégâts sur l'appareil respiratoire et sur d'autres organes.

Ankylostomes : il s'agit de parasites intestinaux qui provoquent des gastro-entérites avec parfois des diarrhées hémorragiques et, dans les formes les plus graves, une anémie qui peut entraîner la mort. Les vers adultes pondent leurs œufs dans l'intestin grêle et ceux-ci passent dans le milieu ambiant par les selles. Là, ils éclosent et les larves peuvent infester un autre chien par la peau ou par ingestion. Les chiots peuvent être infestés par leur mère, à travers le placenta ou les mamelles.

Trichocéphales : ce sont des parasites intestinaux qui se trouvent dans l'intestin et le côlon des chiens et des renards.
Les infestations graves provoquent anémie, diarrhées sanglantes, voire la mort.

Toutes les parasitoses décrites ci-dessus provoquent des retards de croissance, l'amaigrissement et des dégâts sur les organes internes. Il faut donc traiter périodiquement et systématiquement les chiens, encore plus souvent lorsqu'il s'agit de chiots, en suivant les conseils de votre vétérinaire. Étant donné le risque élevé d'infestation du chien et la possibilité de transmission de certains de ces parasites à l'homme, il faut effectuer des contrôles fréquents et des examens microscopiques périodiques des selles.
Le traitement vermifuge s'effectue 5 à 7 jours avant toute vaccination. Le traitement thérapeutique est effectué en fonction du type de parasite et des organes touchés, en suivant toujours attentivement la prescription du vétérinaire. En effet, les médicaments utilisés contre le parasite peuvent être dangereux pour le chien, car ces remèdes peuvent bloquer des cycles biochimiques de base. Le traitement doit être spécifique pour chaque groupe de parasites et doit commencer pendant la gestation (à environ 30 jours) pour se poursuivre à l'âge le plus tendre et être ensuite renouvelé périodiquement.

Filariose : il s'agit d'autres nématodes qui peuvent provoquer la filariose, une maladie parasitaire très fréquente, en particulier dans les zones de plaine infestées de moustiques. Le ver adulte est d'une taille considérable (20 à 30 cm) et il infeste massivement le cœur du chien. Les femelles adultes de filaires libèrent des micro-filaires dans le sang et, de là, elles peuvent être ingérées par les moustiques où elles évoluent en larves infestantes, pour passer, à travers la piqûre du moustique, à un autre chien ou à un chat. La contagion se produit donc toujours à travers la piqûre d'un moustique. Le chien touché risque des problèmes cardiaques et circulatoires, avec une diminution progressive de la résistance à l'effort physique, jusqu'à la mort.
Avant d'entreprendre n'importe quel traitement, il faut effectuer une analyse de sang pour exclure la présence de formes adultes, qui doivent être soignées à l'aide de produits spécifiques et plutôt toxiques. Dans les formes graves de filariose, le diagnostic est réservé. La prévention directe s'effectue en traitant systématiquement le chien (une fois par mois) à l'aide de médicaments qui luttent contre le développement des micro-filaires, administrés pendant la saison où les moustiques sont présents. N'utilisez que des produits spécifiquement destinés aux chiens, pour ne pas risquer des niveaux de toxicité trop élevés. La prévention indirecte peut être effectuée en essayant de ne pas exposer le chien aux piqûres de moustiques.

VERS PLATS OU TÉNIA

De nombreuses espèces de ténias peuvent être des parasites du chien ; certaines sont fréquentes, d'autres plus rares. Le cycle biologique du parasite fait que les œufs éliminés dans les selles passent dans un hôte intermédiaire qui peut être la puce (*Dipylidium*) ou un herbivore (echinococcose) ; dans le deuxième cas, le chien est contaminé en mangeant de la viande et des viscères crues. Dans les selles, on voit à l'œil nu les petits segments du parasite, de couleur blanchâtre et d'environ

Les sujets mâles ont particulièrement besoin de mouvement

0,5 cm de long. Le chien touché maigrit et, dans les infestations les plus graves, il est très affaibli. Le traitement thérapeutique doit être renouvelé plusieurs fois.

PROTOZOAIRES

Coccidiose : elle est provoquée par différentes espèces de coccidies qui passent par différents stades de développement. De dimension microscopique, elles sont protégées par une capsule très résistante aux désinfectants normaux, mais sont détruites par la soude caustique. Elles peuvent toucher les chiens de tous les âges, mais les chiots y sont particulièrement sensibles, le parasite se multipliant au niveau des muqueuses intestinales et provoquant des gastro-entérites avec diarrhée hémorragique, anémie, déshydratation, parfois vomissements et douleurs à la palpation de l'abdomen. Le diagnostic s'effectue en examinant les selles.
L'affection est plutôt courante dans les élevages de grande taille, dans les lieux où se croisent beaucoup de chiens, comme les chenils ou les pensions, et là où l'hygiène n'est pas bonne.

Piroplasmose : le parasite s'attaque aux globules rouges du sang. La tique est l'hôte intermédiaire de la maladie. Les premiers symptômes sont caractérisés par une augmentation soudaine de la température, à 40,5 °C et au-delà, accompagnée d'une augmentation de la fréquence du pouls et de la respiration ; le chien devient apathique et perd l'appétit. D'autres symptômes caractéristiques sont l'anémie progressive, la jaunisse et, dans les cas aigus, la présence de sang dans les urines qui prennent une couleur sombre. Les formes aiguës de cette maladie peuvent être fatales. La thérapie doit être immédiate car il est important d'intervenir rapidement dans cette maladie. La meilleure des prophylaxies est de protéger le chien contre les tiques.

Leishmaniose : le parasite frappe les cellules du système endothélial. Il est transmis par des insectes phlébotomes. Il est particulièrement répandu dans les zones méditerranéennes. Là où la forme humaine de la leishmaniose est fréquente, on considère que le chien est le vecteur de la maladie. Le cadre clinique est le plus souvent polymorphe : le système immunitaire est déprimé et on constate parfois une prolifération incontrôlable des tissus (granulomatose). Chez le chien, les symptômes sont chroniques, avec des manifestations cutanées de dermatoses et de dermatites, des ulcères nasaux, oculaires. Le diagnostic s'effectue par examen sanguin.

LES MYCOSES

Ce sont des pathologies entraînées par des champignons, des moisissures et des levures microscopiques ; elles sont contagieuses pour le chien et souvent également pour l'homme et d'autres animaux comme le chat. Une bonne hygiène du milieu ambiant et de la peau réduit considérablement les risques de contagion. Les mycoses de la peau sont les plus répandues et sont celles qui ont le plus de répercussions sur la santé humaine. Les animaux les plus jeunes sont les plus touchés. On constate alors des zones d'alopécie, où le poil tombe et s'arrache très facilement, plus localisées sur le museau, les oreilles, les extrémités des membres et la base des ongles. La thérapie s'effectue par voie générale et locale.

URGENCES : QUE FAIRE ?

Choc

Il se manifeste par une importante décompensation au niveau cardiaque et circulatoire, avec vasodilatation périphérique.
En conséquence, les tissus sont faiblement irrigués, ne sont pas suffisamment nourris et des substances toxiques s'accumulent inévitablement.
Les causes les plus fréquentes sont : forts traumatismes, hémorragies, réactions anaphylactiques, pathologies cardiaques et neurologiques, empoisonnements et déshydratation, électrocution. Les symptômes les plus communs sont : muqueuses pâles, abattement, tremblements à cause de la diminution de la température corporelle, membres froids, pouls faible et rapide, respiration superficielle, perte d'urine et selles, vomissements et, dans les cas extrêmes, évanouissement.
En premier lieu, gardez le chien au chaud sous une couverture en laine, laissez-le tranquille, puis emmenez-le immédiatement chez le vétérinaire qui interviendra en mettant le chien sous perfusion, des transfusions de plasma si besoin, de médicaments (glucocorticoïdes, analgésiques, analeptiques) et sous oxygène. Par prudence, mieux vaut maintenir le chien sous surveillance pendant quelques jours.

Dhana de Casa Paraporti. Propr. S. Martinoli

EMPOISONNEMENTS

Ils peuvent être accidentels ou criminels ; pour les prévenir, il faut prendre les mesures suivantes :
1. Gardez les médicaments, les substances toxiques et les substances chimiques à usage domestique hors de portée des chiens.
2. Ne placez pas de produits non comestibles sur les mêmes étagères que les aliments.
3. Toutes les substances toxiques doivent être conservées dans leurs récipients d'origine ; ne les placez pas dans des emballages non étiquetés.
4. Détruisez les emballages vides de médicaments et ne les laissez pas à portée des chiens.
5. Lorsque le jardin a été traité contre les parasites, faites attention aux écuelles. Ne laissez pas le chien aller dans le jardin pendant deux ou trois jours après le traitement.
6. Si vous trouvez des animaux morts dans le jardin ou sur les terrasses (rats, oiseaux, etc.), éliminez-les immédiatement car leur mort peut être due à des substances toxiques que le chien pourrait ingérer, avec danger d'intoxication éventuelle.

Si vous vous rendez compte que votre chien a ingéré des substances dangereuses, vous pouvez l'aider à vomir en lui donnant un demi-verre d'eau salée ou en lui stimulant le palais ; vous devez cependant vous assurer que le chien n'a pas ingéré en même temps des objets ou des acides forts qui pourraient entraîner des lésions graves en vomissant. Si un certain temps s'est écoulé, administrez au chien du charbon végétal, qui épongera la substance dangereuse, associé à de l'huile de vaseline une demi-heure plus tard. Si le contact avec la substance dangereuse s'est fait par la peau, lavez la partie touchée à l'eau froide.
Allez immédiatement chez votre vétérinaire, en essayant de lui indiquer clairement ce qui a été ingéré. Les poisons contre les rats et souris sont souvent mortels pour les chiens : les maîtres se fient aux indications des emballages et ne prennent pas en compte l'effet de doses massives et la sensibilité individuelle qui peuvent rendre assez dangereux même un produit étiqueté « sans danger pour les animaux domestiques ».

Les empoisonnements criminels peuvent être prévenus en apprenant au chien à ne rien accepter d'un inconnu.

POISONS ET SYMPTÔMES PROVOQUÉS

- Mort aux rats à effet anticoagulants : en général à base de warfarin ou de produits analogues qui contrent l'action de la vitamine K. Ils entraînent de graves hémorragies internes, du sang dans le nez et les selles, des vomissements hémorragiques, des muqueuses fortement anémiées et, dans les cas les plus graves, un état de choc.
- Raticides : salivation abondante, vomissements, œdème pulmonaire, respiration haletante, faiblesse musculaire, pouls rapide et faible.
- Insecticides à base de phosphore : salivation, contractions musculaires proportionnelles à la quantité ingérée, difficulté à marcher et convulsions, vomissements, diarrhées, pupilles fermées non réactives, œdème pulmonaire, cyanose.
- Glycol éthylénique (antigel) : pouls rapide, dyspnée, délire, vomissements, anurie (absence d'urine), déshydratation.
- Strychnine : convulsions, dyspnée (respiration irrégulière), écume à la bouche et asphyxie par paralysie des muscles intercostaux et du diaphragme.
- Barbituriques : somnolence, respiration superficielle et lente, cyanose, pupilles dilatées et sans réaction devant la lumière, œdème pulmonaire.
- À base de cyanure : étourdissement, perte de la force musculaire, respiration profonde, collapsus et mort. L'haleine a une odeur d'amande amère.

PIQÛRES D'INSECTES

Les chiens sont souvent piqués au niveau de la bouche en essayant d'attraper des guêpes, des abeilles et autres bourdons. Les piqûres, bien que douloureuses, ont des effets légers et passagers. En général, il suffit de refroidir localement à l'aide d'eau froide et d'administrer des anti-histaminiques. En cas de piqûres multiples, ou si le chien est hypersensible avec réponse allergique aiguë, on court le risque d'un choc anaphylactique, et il faut s'adresser rapidement au vétérinaire.

Morsure de vipère

Dans ce cas aussi, la morsure se produit généralement sur le museau, pendant la capture. Si le chien est en bonne santé, il arrive à surmonter l'empoisonnement, mais il faut immédiatement voir le vétérinaire, qui administrera un sérum antivenin et une thérapie symptomatique.

Coup de chaleur

Le chien y est sensible. Faites très attention à ne pas le laisser enfermé dans une voiture, surtout quand il fait chaud et lourd, même pour de courtes périodes. Le chien fait baisser sa température corporelle grâce au contact de surfaces plus froides comme les sols, la terre creusée, etc. ; enfermé dans un espace confiné, il a moins de possibilités de se défendre contre la chaleur. Les symptômes sont : démarche titubante, augmentation importante de la température rectale, peau chaude et sèche, pouls rapide, difficulté respiratoire et collapsus.
Plongez le chien dans l'eau froide de façon à faire tomber sa température corporelle à 39,5 °C. Si c'est impossible, faites des compresses d'eau froide ou de glace et placez le chien au repos, dans un endroit frais et ombragé.
Appelez le vétérinaire en urgence ; il injectera une solution saline sous-cutanée. Vous devrez naturellement éviter d'exposer à nouveau le chien.

Fractures

Les fractures les plus fréquentes sont celles des membres, de la colonne vertébrale et de la mâchoire. Elles peuvent concerner un ou plusieurs os et, dans les cas les plus graves, peuvent être ouvertes. Les symptômes sont : le chien boite et le membre est très douloureux, il présente des hémorragies, des paralysies et, dans les cas les plus graves, un état de choc. Dans ce cas, laissez le chien le plus tranquille possible, en lui donnant le temps de se reprendre et de s'adapter à la douleur.
En présence d'hémorragies, essayez de réduire le flux hématique en tamponnant la blessure avec de la gaze stérile ou un linge propre, en plaçant, si nécessaire, un garrot hémostatique en amont de la fracture, en prenant soin de le desserrer de temps à autre. En cas de fractures des membres, essayez de les maintenir immobiles et, si le vétérinaire ne peut pas intervenir immédiatement, immobilisez provisoirement le membre à l'aide d'atèles en bois ou de carton maintenues par des bandes. En présence de blessures, il faut tout d'abord nettoyer soigneusement à l'eau oxygénée (10-12 vol.) et recouvrir de gaze stérile. Si le chien ne peut pas bouger, installez-le par terre et transportez-le sur un brancard fait d'une couverture ou sur une toile de sauvetage du vétérinaire, en prenant soin de ne pas solliciter sa colonne vertébrale.
Une radio est toujours conseillée, même en cas de traumatisme léger, car les fractures, même légères, quand elles sont négligées, peuvent être cause d'anomalies permanentes.

Dilatation gastrique aiguë

Elle apparaît rapidement pour des raisons d'obstruction ou non. Lorsqu'elle est due à une torsion de l'estomac qui empêche l'évacuation des gaz, l'issue est souvent fatale. Les symptômes se manifestent soudainement : le chien est agité, il se met debout et essaie de vomir, il a de fortes douleurs abdominales et ses muqueuses sont rapidement cyanosées. L'introduction d'une sonde gastrique ne facilite que rarement l'évacuation des gaz. Une intervention chirurgicale rapide est nécessaire.

Ingestion de corps étrangers

En général, le chien ingère accidentellement des objets avec lesquels il jouait (cailloux, marrons, etc.) qui peuvent obstruer l'appareil gastro-entérique.
C'est un accident particulièrement fréquent chez les jeunes chiens. On constate des vomissements constants accompagnés d'apathie et de refus des repas, ainsi qu'une absence de défécation. Il faut se rendre rapidement chez le vétérinaire et l'intervention chirurgicale est souvent nécessaire.

Les pathologies héréditaires

Dysplasie de la hanche

C'est une pathologie qui touche l'articulation coxo-fémorale et qui peut se manifester

Éviter les efforts excessifs sur l'articulation du chiot est une bonne prévention contre la dysplasie de la hanche

chez toutes les races canines et beaucoup d'autres espèces animales, homme compris. Dans les formes les plus graves, elle se manifeste par une boiterie du membre postérieur due à la subluxation de la tête du fémur, qui provoque l'usure et l'érosion des cartilages articulaires et l'épaississement des synovies, avec apparition de processus déformants. Les causes de la dysplasie semblent liées à plusieurs facteurs. Certaines races sont plus prédisposées que d'autres, avec une incidence relativement élevée de sujets atteints de dysplasie. La dysplasie se manifeste plus facilement chez les sujets dont la croissance est rapide et le développement majeur, car une croissance trop rapide d'un jeune sujet est un facteur négatif et aggravant. La période critique dans le développement de l'articulation de la hanche est celle des deux premiers mois de vie, lorsque le tissu osseux n'est pas encore complètement formé et que les tissus mous de la hanche, encore plastiques, peuvent être sollicités au-delà des limites de leur élasticité. Une fois que l'articulation ne coïncide plus, tout son développement est compromis.

Beaucoup de chiens atteints de dysplasie, surtout de forme légère, sont peu handicapés, voire pas du tout, surtout s'ils ne sont pas soumis à des efforts physiques prolongés. D'autres sujets manifestent des signes cliniques avec des douleurs plus ou moins intenses qui peuvent apparaître pendant ou après un exercice physique où le chien saute ou doit grimper, ou suite à une palpation ou une manipulation de l'articulation. D'autres chiens touchés par des manifestations plus graves et évidentes peuvent avoir des difficultés à se lever et éprouver de fortes douleurs.

On sait maintenant avec certitude que la dysplasie a une large composante génétique, transmise comme une forme polygénique (due à plusieurs gènes) à développement récessif.

Elle peut donc ne pas se manifester chez les parents mais apparaître chez les enfants. On ne peut donc pas parler de sujet génétiquement exempt.

L'examen radiographique de l'articulation coxo-fémorale est aujourd'hui le moyen universellement reconnu pour effectuer une analyse scrupuleuse de la structure de l'articulation et pour identifier les sujets qui peuvent être porteurs de dysplasie.

Malgré les désaccords d'interprétation qui peuvent toujours survenir, les radios constituent cependant une preuve importante et un moyen de réduire l'incidence de la pathologie.

La radiographie doit être effectuée sous anesthésie générale pour obtenir le relâchement musculaire et le positionnement correct du sujet.

La classification de la FCI des contrôles radiologiques concernant la dysplasie de la hanche comprend les degrés suivants :

A. Absence de signes de dysplasie.

B. Articulation de la hanche presque normale (cas limite).

C. Légère dysplasie de la hanche.

D. Dysplasie moyenne de la hanche.

E. Grave dysplasie de la hanche.

Cette classification peut également s'exprimer par une numérotation progressive de 0 à 4, le A étant égal à 0, le E à 4.

Pour chaque race canine, il est important de connaître l'incidence de cette pathologie et le développement de la maladie au sein de la population afin de mettre en place des plans de prévention et de contrôler les reproducteurs. S'agissant d'une forme polygénique, il est important de contrôler, non seulement les sujets individuellement, mais aussi les frères et sœurs, et éventuellement leurs petits, de façon à obtenir des paramètres d'évaluation familiale. En effet, comme on l'a dit plus haut, des individus sains peuvent être porteurs de la maladie et la transmettre.

Dans tous les cas, un contrôle

© Hermeline/Cogis

génétique de l'état radiographique de l'articulation permet de réduire l'incidence de la pathologie.
Il faut donc absolument vérifier que les parents du chiot que l'on achète ont été contrôlés et connaître leur éventuel degré de dysplasie, certifié par une analyse officielle et effectué par des centres conventionnés par le club de la race.
Il n'existe aucun traitement qui puisse rétablir un fonctionnement normal de la hanche dysplasique. Une thérapie peut cependant être effectuée pour alléger la douleur et une intervention chirurgicale peut être effectuée.

PATHOLOGIES HÉRÉDITAIRES DE L'ŒIL

Chez de nombreuses races canines, les maladies de l'œil connaissent une incidence élevée et peuvent être plus ou moins graves, voire entraîner une cécité totale. Il faut donc les prendre en compte dans le choix des accouplements, car elles peuvent entraîner de nombreuses souffrances et compromettre les fonctions du chien.
Voici les pathologies oculaires les plus répandues.

Entropion : la marge palpébrale de l'œil se tourne vers l'intérieur. C'est souvent une maladie congénitale. En général, elle se manifeste avant l'âge d'un an, plus fréquemment chez le chiot. Elle peut provoquer des dégâts sur la cornée. Une intervention chirurgicale est nécessaire.

Ectropion : la paupière inférieure est lâche et s'abaisse, se retournant vers l'extérieur.
Elle provoque fréquemment une conjonctivite chronique.
Il suffit souvent d'intervenir avec des collyres ou une bonne hygiène de l'œil.

Cataracte : elle se manifeste par l'opacité du cristallin.
Elle peut être congénitale mais peut aussi avoir des causes non héréditaires. Elle ne mène que rarement à la cécité complète. Dans tous les cas, les chiens touchés doivent être exclus de la reproduction.

Dysplasie complète de la rétine : elle est congénitale et se manifeste par un développement anormal de la rétine. Elle est généralement diagnostiquée vers l'âge de huit semaines, par un examen spécialisé. L'issue est la cécité totale.

Atrophie progressive de la rétine (APR) : dite également cécité nocturne, car elle commence souvent comme cela. C'est une dégénérescence progressive de la rétine, due le plus souvent à des causes héréditaires. La progression de la maladie peut entraîner la perte de fonctionnalité de la rétine, avec une cécité complète. La perte de la vue est le plus souvent progressive et sans douleur, ce qui fait qu'il est difficile de s'en apercevoir avant un stade avancé, stade qui peut se vérifier à différents âges.
Les sujets atteints doivent être exclus de la reproduction et une visite préventive annuelle est conseillée.

Atrophie rétinienne progressive centrale (ARPC) : c'est une dystrophie épithéliale de la rétine qui commence dans la partie centrale et progresse vers la périphérie. Avec l'intensification du processus dégénératif, la vision centrale est compromise, tandis que la vision périphérique reste, souvent pour les objets en mouvement.
On recommande un examen spécialisé annuel, au moins jusqu'à l'âge de six ans.

CRYPTORCHIDIE

L'un des testicules – ou les deux – est retenu dans la cavité abdominale ou dans le canal inguinal. La température plus élevée de la cavité abdominale par rapport à celle du scrotum, où devrait se trouver le testicule, peut entraîner des processus de dégénérescence des cellules interstitielles.
Une intervention chirurgicale est donc nécessaire, avec fixation forcée du testicule dans le scrotum ou son ablation.
C'est une maladie héréditaire, et ces sujets ne doivent donc pas se reproduire car cela augmenterait l'incidence de l'anomalie.

LE RETRIEVER CLUB DE FRANCE

L'HISTOIRE

Le Retriever Club de France a été fondé en 1911. Il est affilié à la SCC ; il est agréé par le ministère de l'Agriculture en date de Mai 1911 pour définir les règles techniques de qualification des animaux au Livre Généalogique de l'espèce canine et assurer la direction de l'élevage des Retrievers en accord avec la SCC.

RÔLE ET ACTIVITÉS

Le Retriever Club de France organise toute une série de manifestations et de services que nous examinerons brièvement. Pour de plus amples informations, vous pouvez vous adresser au :
Retriever Club de France
B.P. 5252- 46, avenue Carnot
78175 St Germain en Laye
Cedex
Tél. : 01 34 51 03 39
Fax : 01 34 51 03 77
http://www.retriever.asso.fr/

Extraits des statuts du Retriever Club de France

(...)

Article 5 - Objet et moyens d'action

Le Retriever Club de France a pour objet d'améliorer la race des Retrievers et d'en encourager l'élevage, de contribuer à sa promotion, de développer son utilisation.
Il exerce son activité dans le cadre des statuts, règlements et directives de la Société centrale canine qu'il s'engage à respecter et à appliquer. Pour atteindre son objet, il emploie – à titre indicatif et non limitatif – les moyens d'action suivants :

a) Publier la traduction française du standard officiel de la race homologuée par la Fédération cynologique internationale (FCI).

b) Établir et diffuser des commentaires du standard à l'intention des Juges et Experts-Confirmateurs.

c) Tenir un répertoire : des reproducteurs recommandés, des reproducteurs aptes au travail.

d) Établir et soumettre à la commission zootechnique de la SCC la liste des points de non-confirmation de la race.

e) Déterminer les tests destinés à contribuer à l'amélioration de la race.

f) Former des Juges de la race possédant les connaissances et les aptitudes voulues pour officier avec compétence, autorité et impartialité, tant en exposition qu'en épreuves d'utilisation conformément au règlement des Juges de la SCC.

g) Désigner chaque année les experts chargés de la confirmation de la race, conformément au règlement des Experts-Confirmateurs de la SCC.

h) Établir les programmes et organiser les examens pour les Juges et les Experts-Confirmateurs conformément aux règlements de la SCC.

i) Organiser des expositions spécialisées de la race et des séances de confirmation, soit par lui-même, soit dans le cadre d'expositions canines toutes races. Patronner et soutenir chaque année quelques expositions canines toutes races françaises dont les juges de la race auront été choisis par le Comité.

j) Organiser, par lui-même, ou avec le concours de la SCC, ou avec le concours des Sociétés Canines Régionales affiliées, des épreuves d'utilisation.

k) Encourager la participation de ses adhérents aux expositions et aux épreuves d'utilisation. Créer des prix spéciaux à attribuer aux manifestations organisées en conformité avec les règlements de la SCC.

l) Organiser des concours de sélection de reproducteurs et reproductrices, à l'occasion notamment d'expositions régionales et nationales d'élevage.

m) Assumer un rôle de Conseil pour les inscriptions au Livre des origines français (LOF).

n) Vérifier les pedigrees qui pourraient lui paraître suspects.

o) Favoriser les relations entre adhérents et les aider et les guider dans l'élevage.

p) Publier, selon les possibilités financières de l'Association, un bulletin périodique traitant essentiellement les sujets susceptibles de faire connaître et apprécier la race et permettant aux éleveurs de parfaire leurs connaissances.

q) Envoyer gratuitement le bulletin périodique publié par l'Association aux juges de la race en exercice.

r) Mettre en œuvre tous les moyens de propagande utiles pour aider à la vulgarisation de la race.

Calendrier des expositions

Dans cette rubrique sont listées les dates de toutes les expositions, avec des expositions spéciales retrievers.

Séances d'entraînement

Le Retriever Club de France propose des séances d'entraînement au cours desquelles les propriétaires de chiens viennent suivre des leçons ou des stages pour apprendre à faire travailler leurs compagnons avec des objectifs très variés qui vont de la simple éducation à la présentation en concours. Vous trouverez ci-dessous la liste des dresseurs professionnels membres du RCF :

Aeberhard Roger
52500 La Mothe Anrosey
Tél. : 03 25 88 85 81

Arnault Frédéric
39, rue de la Libération
63160 Billom
Tél. : 04 73 68 94 31

Chauveau Bernard
L'Hippodrome
36290 Saint-Michel-en-Brenne
Tél. : 02 54 38 11 64

Copiatti Geneviève
Ferme des Minots
Pargues
10210 Chaource
Tél. : 03 25 70 45 02

De Bellescize Frédérique
La Mivoie
45290 Nogent-sur-Vernisson
Tél. : 02 38 97 60 77

Kouira Guillaume
Matalin
47130 Port-Sainte-Marie
Tél. : 05 53 67 45 99

Le Roueil Anne-Marie
La Passe de l'Eider
01320 Chatillon-la-Pallud
Tél. : 04 74 35 47 81

Maudet Laurence
L'Hippodrome
36290 Saint-Michel-en Brenne
Tél. : 02 54 38 50 02
06 12 33 44 07

Munini Franck
Les Grandes Chassagnes
01310 Confrancon
Tél. : 04 74 30 26 18

Poiraud Corinne
La Petite lande
41210 Saint Viatre
Tél. : 02 54 83 61 00

Piat Jean-Claude Pecos
32400 Termes d'Armagnac
Tél. : 05 62 69 28 25

Robert Julien
Les Bois
72600 Les Aulneaux
Tél. : 02 43 34 24 81

Testard Gilles
La Fercelle
45500 Autry-le-Châtel
Tél. : 02 38 36 03 98

Organisation d'épreuves

Test d'aptitudes naturelles (TAN), Brevet international de chasse pratique (BICP), field trials... le Retriever Club de France organise différentes épreuves permettant d'homologuer un titre ou juste de se faire plaisir.

Annuaire des vétérinaires

Le Retriever Club de France propose la liste des vétérinaires – avec leurs coordonnées – habilités pour le diagnostic des maladies oculaires à caractère héréditaire.

Le working test

Un working-test est une compétition dont le but est d'évaluer les qualités de travail des différentes races de Retrievers en l'absence de gibier tiré.
Le Retriever est l'auxiliaire indispensable du chasseur après le tir. Le but de ces épreuves est de sélectionner les meilleurs chiens ayant le vrai goût de la recherche du gibier tiré, un bon tempérament, le marking qui le caractérise, un bon nez et de l'initiative. Il a la dent douce. Le dressage (handling) ne doit être considéré que comme le complément indispensable de ces qualités, rendant le chien calme au poste, docile à suivre les ordres et les éventuelles directions que son conducteur est parfois appelé à lui donner s'il n'a pu voir le point de chute du gibier tiré.

Règlement

Article 1 – Organisation

Les working tests sont organisés par les associations affiliées à l'Union Royale Cynologique St Hubert ou par une commission désignée à cet effet. Les organisateurs se réservent le droit de prendre toute mesure qu'ils estiment nécessaire au bon déroulement du concours. Le WT doit être organisé par une ou des personnes ayant l'expérience du travail du chien dans des conditions de chasse réelle. Chaque chien doit recevoir les mêmes occasions afin de réduire au maximum le facteur chance. Dans un working test, les organisateurs doivent toujours essayer de simuler les événements qui se passent durant la chasse. Ils doivent toujours s'assurer que les exercices sont propices au bon travail des chiens, sans les empêcher de marquer et de montrer leurs qualités naturelles de travail. Il est très important d'en tenir compte lors du positionnement des tireurs et des lanceurs de dummies. Les organisateurs et les juges doivent veiller à la sécurité des chiens et ne pas leur demander de passer des obstacles dangereux.

Article 2 – Classes

Les working tests sont divisés en 3 classes différentes.

A. Classe ouverte (B)
Ouverte à tous les chiens. De préférence pour les chiens confirmés qui ont obtenu une qualification en field trial, un brevet de chasse ou un brevet St Hubert. Les chiens sont présentés sans laisse.

B. Classe « novices » (C2)
Ouverte à tous les chiens. Les chiens sont présentés sans laisse.

C. Classe « Initiation » (C1)
Cette classe donne la possibilité au débutant de faire connaissance avec les différentes épreuves. Le but de cette classe est l'initiation. Un chien peut participer maximum durant deux saisons en classe « initiation ». Les chiens peuvent être présentés en laisse ou sans laisse au choix du conducteur.

Article 3 – Inscriptions

Les bulletins d'inscription doivent être renvoyés au secrétariat du concours dans les délais indiqués dans le programme du concours. Le bulletin d'inscription doit fournir les informations suivantes : la classe, le nom du chien, la race, le sexe, le numéro du pedigree, le tatouage, la date de naissance, le nom et l'adresse du propriétaire et du conducteur. En cas de contradiction, le chien sera exclu du concours, le montant de l'inscription restant acquis à l'organisation. En cas d'absence injustifiée, le montant de l'inscription reste dû à l'organisation.

Article 4 – Participation/exclusion des chiens

Les épreuves sont ouvertes à tous les Retrievers. L'organisation peut limiter le nombre de participants à un working test. Dans ce cas, la participation se fera par tirage au sort. Ne peuvent participer ou sont exclus les chiens qui appartiennent à des personnes exclues ou qui doivent de l'argent à l'Union Royale Cynologique St Hubert ou à une association affiliée à l'UCSH. Les chiens sans pedigree officiel peuvent participer aux épreuves mais ne seront pas classés. Les chiennes en chaleur ne peuvent pas participer au concours. La punition corporelle du chien sur le terrain ou pendant le concours conduit à l'exclusion immédiate du conducteur (voir aussi art. 8D). La raison de l'exclusion d'un chien sera immédiatement communiquée au conducteur. Les organisateurs se réservent le droit d'exclure pour l'une ou l'autre raison tout chien dont ils ne peuvent accepter la participation.

Article 5 – Juges

Tous les juges doivent avoir l'expérience du travail des Retrievers dans les conditions de chasse pratique. Les juges sont choisis sur une liste composée par l'Union Royale Cynologique St Hubert. Cette liste contient les noms des juges de field trials pour Retrievers et des maîtres de working tests. Les juges étrangers sont admis pour autant qu'ils puissent juger les working tests dans leur pays. Les juges ont le droit d'émettre leur jugement librement, mais tiendront compte du présent règlement. Les organisateurs se réservent le droit de remplacer un juge qui se trouve dans l'impossibilité d'effectuer sa tâche pendant le concours ou pendant une partie du concours.

Article 6 – Responsabilité

Ni les organisateurs ni les juges ne seront en aucun cas tenus pour responsables des accidents éventuels.

Article 7 – Épreuves

Les épreuves sont basées sur le travail après le coup de fusil. L'accent est mis sur les aspects suivants.

1. Les qualités naturelles de recherche (sur dummy ou sur gibier froid).
2. Le marking du point de chute du dummy.
3. Le rapport rapide et efficace.
4. Le style de la race.
5. L'obéissance.
6. La conduite discrète du chien.
7. La qualité du travail à l'eau.
8. La relation entre le conducteur et le chien.

Les épreuves se rapprocheront de préférence le plus possible de la chasse pratique, en tenant compte des possibilités du terrain. Les situations recréées seront naturelles et proches de la chasse pratique et sportive. Une épreuve pourra être composée de plusieurs exercices.

Les juges doivent s'assurer que les spectateurs sont à une distance raisonnable des chiens. Ils doivent donner aux chiens l'occasion de bien travailler en veillant à ce que les conditions soient, dans la mesure du possible, en leur faveur. Ils donneront plus de points aux chiens qui demandent le moins de conduite et dont le travail est adapté à la chasse pratique. Le marking ainsi que le rapport rapide sont essentiels chez toutes les races de Retrievers. Les juges ne pénaliseront pas trop le chien qui dépose le dummy pour le reprendre plus fermement, mais ceci ne doit pas être confondu avec un rapport négligent. Les chiens qui font preuve de marking et d'initiative seront placés devant ceux qui doivent être conduits sur le rapport. Le Retriever doit être *steady* au coup de fusil et rapporter sur commande. Tous les chiens doivent être testés, dans la mesure du possible, en battue postée ou marchante et à l'eau. Le chien doit marcher calmement au pied. Le degré de difficulté augmentera progressivement en fonction des classes comme en field trials pour Retrievers. Les épreuves en classe initiation seront moins exigeantes qu'en classe novice ou ouverte. Les épreuves de la classe initiation tiendront compte du fait qu'il n'est pas demandé de savoir diriger son chien. Les épreuves ne seront pas connues à l'avance et, comme à la chasse, le conducteur devra pouvoir évaluer et juger la situation. Les épreuves seront expliquées à tous les participants sur le terrain. Les juges tiendront compte de cette situation et accorderont par exemple moins d'importance au nombre d'ordres donnés. Ils regarderont de façon générale la qualité de l'exécution, la rapidité et l'efficacité du rapport. Seuls les apportables standard de couleur verte (en toile) de 500 g peuvent être utilisés. Lors des « cold game test » suffisamment de pièces de gibier doivent être prévues. Lors du lancer des dummies, le coup de feu doit toujours précéder le lancer, le fusil étant positionné à maximum 35 m de la pièce à rapporter. Le coup de feu est facultatif dans le cas d'un rapport perdu. Les fusils sont préférables aux pistolets. La distance du rapport ne devra pas excéder 150 m. Les chiens ne peuvent porter de colliers à dents ni aucun autre moyen de coercition sur le terrain du concours. Le propriétaire ou le conducteur ne peut tenir en main ni laisse ni autre moyen de coercition durant une épreuve.

Article 8 – Jugement du travail

A. Les qualités les plus importantes qui doivent primer dans le jugement
1. Les qualités naturelles de recherche et l'initiative dans le rapport hors-vue.
2. Le calme au poste.
3. Le marking du point de chute.
4. L'obéissance.
5. Le rapport rapide et efficace.
6. La volonté de plaire au maître.
7. La conduite discrète du chien.
8. Le travail à l'eau.
9. Le nez.

B. Les fautes graves
1. Manquer de calme au poste ou lors de la suite au pied.
2. Conduire le chien bruyamment.
3. Avoir un mauvais contrôle sur le chien.
4. Travailler sans intérêt.
5. Mauvais marking et/ou une mauvaise mémorisation du point de chute.
6. Être trop dépendant du conducteur.

C. Les fautes qui conduisent à un zéro
1. Pleurer.
2. Quitter le poste sans ordre (sauter).
3. Sortir de la main.
4. Toucher le chien durant l'exercice.
5. Refuser de rapporter.
6. Refuser d'aller à l'eau ou d'entrer dans un couvert.
7. Avoir peur du coup de fusil.
8. Changer d'apportable ou de gibier.
9. Ne pas retrouver l'apportable ou le gibier.

D. Les fautes qui conduisent à l'exclusion
1. L'agressivité.
2. La dent dure.
3. La correction physique du chien.

Les juges seront plus tolérants pour les fautes commises par les chiens participant en classe « initiation ».

Article 9 – Points et résultats

Un working test comporte au minimum 5 exercices pour chaque chien. Chaque exercice peut comporter un ou plusieurs rapports. Chaque rapport est jugé séparément sur 10 points ou 20 points. Les chiens qui ont obtenu un zéro ou ont été exclus ne sont pas classés. Une carte de working tests (ou un carnet officiel de working test) peut être mise à la disposition des participants. Cette carte peut être demandée au secrétariat des field trials. Les organisateurs du concours inscriront le résultat de l'épreuve sur la carte des participants. Les résultats mentionnés sur la carte entreront en ligne de compte pour l'attribution des challenges de working tests. Il n'est pas permis de demander plusieurs fois une carte pour un même chien. Les résultats n'entrent pas en ligne de compte pour le certificat qui permet l'accès à la classe travail en exposition.

Article 10 – Critique des résultats

Toute personne qui critique ouvertement les décisions des juges devra quitter immédiatement le terrain. En cas de contestation, les juges devront se prononcer immédiatement sur le terrain. Leur décision est irrévocable, même dans les cas non prévus par le présent règlement.

LES EXPOSITIONS

COMMENT AFFRONTER LES EXPOSITIONS

Tôt ou tard, après avoir acheté votre Labrador, vous penserez aux expositions. À force d'entendre dire que votre chiot est beau et que vous devriez le présenter dans des expositions, vous finirez par le faire.

Vous avez décidé d'acheter un chien qui possède un pedigree et, en le voyant sain et beau, la conséquence logique est de l'emmener à une « exposition de beauté ».

Je dois vous rappeler que vous allez exposer un chien, et pas un pedigree, aussi bon soit-il. Je précise cela parce que ceux qui se présentent pour la première fois pensent souvent que leur chien sera un chien d'exposition parce qu'il a un pedigree long comme le bras. Ce n'est pas la réalité : un chien d'exposition doit avoir certaines qualités. Il concourt auprès des plus beaux sujets de France et, s'il s'agit d'une exposition internationale, d'Europe. Les juges et les éleveurs reconnaissent immédiatement les hors-classe mais, si vous voulez atteindre ce niveau, vous devrez faire preuve de patience. Ce n'est pas en restant à la maison que vous pourrez vous faire un avis, mais en allant montrer votre Labrador aux juges.

L'objectif, en montrant votre Labrador à un juge, est de le présenter du mieux possible. Si son régime alimentaire est correct et que son poil est propre, le chien n'aura pas besoin d'autre préparation, à moins qu'il ne soit dans une période de mue ; dans ce cas, mieux vaut en attendre la fin avant de le présenter.

Le jour précédant l'exposition, donnez-lui un bon coup de brosse. Personnellement, je n'aime pas utiliser le peigne avant les expositions, car je crois qu'un vrai Labrador possède un beau sous-poil et qu'il reste présent même dans les pays plus chauds. Dans tous les cas, ne le lavez pas et ne le peignez pas le jour de l'exposition : cela peut être nécessaire quelques jours plus tôt, si le chien est vraiment sale mais, par chance, le Labrador n'a pas besoin d'un toilettage compliqué.

Pendant que vous le brossez, vérifiez que sa queue n'a pas besoin d'être retouchée. En général, on a tendance à couper le poil excédentaire (plus de 2-3 cm à l'extrémité), s'il y en a, de façon à ce que la queue semble plus courte. Si vous utilisez des ciseaux, essayez de la faire apparaître la plus naturelle possible. Attention à ne pas abîmer la queue elle-même : elle est très délicate car parcourue par une artère et une blessure peut entraîner une véritable hémorragie.

Le juge soulèvera les lèvres du chien pour voir ses dents et vérifier leur fermeture. De même, il vérifiera les testicules, pour voir si les deux sont bien descendus dans le scrotum. Le chien doit donc être habitué à être manipulé par un inconnu.

Faites suivre un régime alimentaire correct à votre chien pour qu'il soit à son poids de forme. Le chien doit avoir une attitude joyeuse lorsqu'il est promené en laisse et ne doit pas se prendre les pieds dedans ou, pire, sauter sur le juge. Il doit marcher à votre gauche, à une allure ni trop rapide ni trop lente, suivant les requêtes du juge. Si vous observez d'autres sujets plus expérimentés, vous verrez quelle est la bonne allure.

Assurez-vous donc que le chien apprend à marcher droit lorsqu'il est en laisse et qu'il ne tire pas. Conduisez-le sur dix pas, à une allure rapide et décidée, puis faites demi-tour et ramenez-le à son point de départ.

Le chien doit absolument marcher droit dans les deux sens et à la bonne vitesse.

Ce simple exercice est déjà assez difficile, à moins que le chien ne soit habitué à l'effectuer. Beaucoup de chiens deviennent bons à force de pratiquer, tandis que d'autres s'ennuient.

Si vous avez des doutes sur les aptitudes de votre chien à accomplir certains exercices, faites-vous aider par vos amis qui conduiront votre chien pour que vous puissiez l'observer.

Le chien devrait apprendre à ne pas regarder en l'air pendant qu'il défile, ni à jouer avec sa laisse, etc. Donnez-lui de brèves leçons en le faisant marcher une ou deux fois par jour, mais attention à ne pas l'ennuyer !

Si votre chien porte une cicatrice, n'ayez pas peur de la montrer. Un bon juge se préoccupe uniquement de trouver le meilleur chien et sera satisfait à condition que la cicatrice ne soit pas due à une maladie héréditaire ou à un défaut morphologique.

Organisez-vous de façon à pouvoir affronter l'exposition calmement : l'excitation n'apporte rien, ni à vous, ni au chien.

Vous aurez besoin d'apporter les jouets de votre chien pour pouvoir attirer l'attention du chien.

Portez une couleur qui contraste avec celle de votre chien. Le juge a besoin du contraste pour mieux voir le profil de votre chien. Vous vous apercevrez que vous avez besoin d'une poche : portez donc une veste qui en a une, où vous mettrez biscuits et jouets qui attirent l'attention du chien et permettent de le récompenser.

Vous devrez amener une laisse d'exposition, une chaîne, un collier, une écuelle pour l'eau, une brosse, un chiffon à poussière et une paire de ciseaux.

Ne faites pas asseoir le chien mais gardez le debout près de vous, dans une attitude à la fois calme et joyeuse.

Lorsque vous entrerez sur le ring à l'appel de votre classe, soyez bien attentif à ne pas rater votre entrée. Lorsque votre tour viendra, le juge vous appellera et examinera le chien des pieds à la tête, dents comprises.

Pendant la présentation, le chien doit rester debout, le poids bien réparti sur tous ses membres et la tête tournée vers vous et pas vers l'arrière. Le cou doit être droit et tourné vers le haut. Le dos ne doit pas descendre et les pattes postérieures doivent être légèrement écartées.

On vous demandera ensuite de faire bouger le chien, à pas rapide, d'avant en arrière, vers le juge. Vous reviendrez ensuite à votre place et attendrez qu'on vous appelle de nouveau si les juges souhaitent jeter un nouveau coup d'œil au chien.

Voilà tout ce qu'on vous demandera mais je ne saurais trop vous conseiller de bien observer les autres concurrents pour apprendre.

Si vous participez à plusieurs classes, faites attention à n'en rater aucune car vous risqueriez de perdre tous vos espoirs de récompenses.

Vous vous rendrez compte que les autres conducteurs, même absorbés par leur propre chien, vous aideront volontiers.

Si c'est votre première exposition et que vous ne savez pas bien où vous mettre, placez-vous entre deux concurrents dont les chiens sont de la même taille que le vôtre. Devenu expert, vous vous placerez entre deux chiens que vous espérez battre !

RÈGLEMENT DES EXPOSITIONS

Toute exposition est une manifestation « cynotechnique » organisée par une association fédérée avec l'accord préalable de la SCC.

Elle a pour but d'évaluer et de comparer les qualités esthétiques et morphologiques des chiens en fonction du standard de la race.

Un juge, nommé à cet effet, établit une qualification et classification des différents chiens. Les critères des qualificatifs et classements sont identiques pour les expositions qu'elles soient internationales, nationales ou régionales.

Conditions générales d'exposition

Tout chien appartenant à des races répertoriées officiellement par la FCI, inscrit au Livre d'Origine du pays de nais-

sance et étant âgé de plus de neuf mois peut participer aux expositions, à l'exception de certaines Spéciales telles que « Baby » dont l'âge minimum est de six mois et maximum neuf mois. Les chiens inscrits devront être la propriété exclusive de la personne ayant engagé le chien et figurant comme propriétaire sur le catalogue. Il est accepté que les éleveurs s'inscrivent en couple ou groupe que si les chiens sont issus de leur élevage bien qu'ils ne soient plus propriétaires.

L'inscription d'un chien dans une classe différente de celle où il devrait être inscrit, ouverte et non champion pour des sujets déjà champion (beauté ou travail) ou réciproquement, n'est pas valable. Le chien ne sera pas jugé et le propriétaire ne pourra pas demander le remboursement des frais d'inscription.

Les expositions sont de différents types :

– *exposition internationale du championnat national* pour les chiens de toutes races avec attribution du certificat d'aptitude au championnat international de beauté (CACIB) de la FCI et du certificat d'aptitude au championnat de standard (CACS) de la SCC[1] ;

– *exposition internationale* pour chiens de toutes races avec attribution du CACIB et CACS[1] ;

– *exposition nationale* pour les chiens de toutes races avec attribution du CACS[1] ;

– *exposition nationale d'élevage* avec attribution du CACS[1].

1. N'est attribué qu'aux chiens classés 1ers avec la mention « Excellent ». La Réserve (RCACIB et RCACS) ne peut être attribuée qu'à un chien classé 2e avec la mention « Excellent » que s'il est de qualité équivalente à celui qui a obtenu le CACIB/CACS ou CACS.

Le port incorrect des oreilles, dites « volantes », est pardonnable chez un jeune sujet

LES DIFFÉRENTS QUALIFICATIFS

Excellent : qualificatif attribué à un chien qui se rapproche très près du standard idéal de la race, présenté en parfaite condition, réalisant ensemble harmonieux et équilibré, ayant de la « classe » et une brillante allure.
La supériorité de ses qualités devra dominer ses petites imperfections tout en conservant les caractéristiques de son sexe.

Très Bon : qualificatif attribué à un chien en bonne condition physique, parfaitement typé, équilibré dans ses proportions.
Il lui sera toléré quelques défauts véniels, mais non morphologiques. Ce qualificatif ne peut récompenser qu'un chien de qualité.

Bon : qualificatif attribué à un chien possédant les caractéristiques de la race, mais accusant des défauts à condition que ceux-ci ne soient pas rédhibitoires.

Assez Bon : qualificatif attribué à un chien suffisamment typé, mais sans qualités notoires ou n'étant pas en bonne condition physique.

LES DIFFÉRENTES CLASSES

Les chiens concourent dans différentes classes, qui sont les suivantes.

Classe Ouverte (donnant droit à l'attribution de CACS-CACIB ou CACS) : réservée aux chiens ayant atteint l'âge minimum exigé pour la classe Jeune et sans limitation d'âge[2].

Classe Travail (donnant droit à l'attribution de CACS-CACIB ou CACS) : réservée aux chiens ayant atteint l'âge minimum exigé pour la classe Jeune et titulaires d'un carnet de travail mentionnant les récompenses obtenues. Une photocopie sera jointe à la feuille d'engagement[2].

Classe Jeune : pour tous les chiens âgés de 12 à 18 mois. Cette classe donne droit à l'attribution du qualificatif Excellent mais ne donne pas droit au CACS-CACIB ou CACS[2].

Classe Champion de Beauté : réservée exclusivement aux chiens déclarés Champions de Beauté Nationaux des pays membres de la FCI et Champions Internationaux de la FCI (préciser la date d'homologation), âgés de 15 mois au jour de l'ouverture de l'exposition. Cette classe donne droit à l'attribution du CACS-CACIB ou CACS[2].

Classe Débutant : pour les chiens âgés de 9 mois jusqu'à l'âge requis pour la classe jeune. Cette classe ne donne pas droit à l'attribution d'un qualificatif. Le Juge formule simplement une appréciation sur le chien, par ordre décroissant Prometteur, Assez Prometteur. Elle ne donne lieu ni à un classement ni à une remise de coupe (sauf cas exceptionnel).

2. Sont considérées comme classes individuelles les Classes Ouverte, Travail, Jeune, Débutant et Champion de Beauté.

Lot d'élevage (seule classe pouvant être constituée au poteau) : pour cinq chiens de mêmes race et variété, sans distinction de sexe, déjà engagés dans une classe individuelle[2], nés chez le même producteur mais pouvant appartenir à des exposants différents.

LES EXCLUSIONS

En dehors des critères bien précis établis par le standard de la race prévoyant l'exclusion de certains chiens, il existe un certain nombre de critères d'ordre général dont il faut tenir compte, tels que le comportement ou les caractéristiques morphologiques ainsi que l'attitude du propriétaire.

Exclusion du propriétaire : lors de la signature de l'engagement, le propriétaire accepte les conditions du règlement de l'exposition.
Il s'engage :
– à respecter le code de l'honneur ;
– à ne pas faire une fausse déclaration ;
– à ne pas appartenir à aucune société ou club non affilié à la SCC et ni à un organisme non reconnu par la FCI ;
– à certifier que le chien est en bonne santé et n'est atteint d'aucune maladie ;
– à certifier que son chien n'a pas subi d'opération pouvant tromper la qualité de celui-ci ;
– par ses écrits ou par ses propos, à ne pas nuire au succès de la manifestation ou à porter atteinte à l'honneur des juges et à la société organisatrice ;
– à ne pas quitter l'exposition avant l'heure fixée.

LA CONFIRMATION

C'est l'acte obligé pour la « confirmation » du pedigree. Elle ne peut être faite qu'à l'âge de quinze mois révolus. Jusqu'à cet âge, les chiens nés en France ne possèdent qu'un certificat de naissance. Les chiens nés à l'étranger, dans un pays membre de la FCI ou dans un pays non affilié dont le Livre des Origines est reconnu par la FCI, possèdent un pedigree export.

Cette confirmation est obligatoire pour les reproducteurs des deux sexes et indispensable pour l'inscription définitive au Livre Généalogique permettant aux propriétaires de pouvoir reproduire des sujets inscriptibles au titre de la descendance. Elle doit avoir été obtenue pour l'inscription définitive au Livre des origines français (LOF) avant toutes reproductions.

Les Confirmations peuvent avoir lieu le jour de l'exposition ou en séance spéciale dite « Journée de confirmation ». Le Juge confirmateur devra s'assurer que les propriétaires ont rempli le formulaire d'examen de confirmation et sont possesseurs du certificat de naissance et de la carte de tatouage.

Le Juge examine le chien dans son ensemble, vérifie si le chien est conforme aux critères du standard de la race et si aucune malformation n'est décelable. Les qualificatifs peuvent être pour Apte : Excellent, Très Bon, Bon et Assez Bon. En cas d'Inaptitude, le motif du refus doit être inscrit sur le Certificat de naissance et n'est valable qu'un an. À l'issue de cette année vous avez la possibilité de le représenter pour une nouvelle confirmation.

Les manquements à ces règles peuvent entraîner une exclusion temporaire ou définitive de toutes manifestations organisées par la SCC conformément aux articles 30 et 36 du règlement intérieur de la SCC.

Exclusion du chien : le chien doit être en parfaite santé, sa race doit être répertoriée par la FCI, il doit être inscrit au Livre des Origines de son pays de naissance et il doit être âgé de plus de neuf mois au jour de l'exposition.

D'autres critères d'exclusion sont à prendre en considération.

1. Critères définitifs :
– chiens malades, contagieux ou pas, et en particulier les affections de la peau ;
– chiens ayant subi des modifications afin de cacher des défauts génétiques et donc transmissibles à la reproduction ;
– chiens aveugles et boiteux ;
– chiens atteints de monorchidie ou de cryptorchidie.

2. Critères temporaires :
– les femelles en chaleur ;
– les femelles allaitantes ou en état de grossesse avancée ;
– les chiens dont l'âge est différent de celui annoncé sur la feuille d'engagement.

Le juge pourra exclure du ring un chien peureux ou agressif.

COMPORTEMENT ET RÈGLES DE L'EXPOSANT

Les exposants doivent avoir un comportement digne et doivent respecter un certain nombre de règles. Il faut avoir en mémoire que toute manifestation est avant tout la fête du chien. Ce sont les chiens qui concourent et non les maîtres, qu'ils soient amateurs, semi-professionnels ou professionnels ; le juge ne connaît pas celui qui se trouve à l'autre bout de la laisse : il ne juge que le chien.
Les règles sont simples : ce sont surtout des règles de courtoisie et de respect, dont voici les principales :
– à l'annonce du jugement les exposants doivent amener rapidement le chien sur le ring sans qu'il soit besoin de faire plusieurs appels ;
– afin de faciliter l'entrée des chiens sur le ring, éviter d'en encombrer l'accès ;
– l'exposant doit porter de manière visible le numéro d'inscription du chien ;
– le remplacement du conducteur en cours de présentation n'est autorisé qu'avec l'accord du juge ;
– ne pas annoncer au juge tous les titres que le chien a déjà eus dans différentes expositions ;

– accepter le jugement et éviter de contester celui-ci. Le juge est à même de commenter les décisions qu'il a prises ;
– en dehors du ring, il doit garder sa dignité et éviter tout commentaire désobligeant à l'égard du juge. Tout écart de langage est passible des sanctions prévues par les articles 30 et 36 du règlement intérieur de la SCC.

PRÉSENTATION SUR RING

Le conducteur ou présentateur (*handler* en anglais) est la personne qui guide le chien durant le jugement. Le conducteur n'est pas obligatoirement le propriétaire, mais peut être une tierce personne. Il est préférable que cette personne connaisse bien le chien afin de le guider au mieux lors de la présentation.
Vous trouverez décrites ci-dessous les 3 manœuvres essentielles à exécuter dans un ring pour présenter un chien en exposition.

1. La plupart du temps, un juge débute une classe en faisant placer tous les chiens en cercle autour de lui, et en les faisant tourner dans le sens inverse des aiguilles d'une montre.
Ceci permet au chien de se mettre dans l'ambiance avant que n'arrive son tour d'être jugé individuellement.
Vous devez tenir le chien à gauche, entre le juge au centre et vous. Veuillez à ce que votre numéro d'exposant soit toujours lisible par le juge ou le secrétaire pendant toute la durée de la présentation.

2. Quand le juge vous demande de marcher « un aller et retour », partez sur une ligne aussi droite que possible.
N'oubliez pas qu'il veut juger, avec le plus de précision possible, l'arrière-main du chien en action... pas la vôtre !
Arrivé au fond du ring, faites demi-tour franchement et revenez tout droit, le chien aligné sur le juge afin de lui montrer le mouvement de l'avant. Stoppez un tout petit peu avant et présentez votre chien de profil pour qu'il soit examiné en statique.

3. De nombreux juges demandent aux concurrents de présenter leurs chiens en triangle. Ils peuvent ainsi en une seule fois apprécier l'arrière, le profil et l'avant. Partez en ligne droite, vers le côté droit du ring ; au fond du ring, tournez à gauche, allez tout droit (couvrez tout le champ visuel du juge), tournez de nouveau à gauche et revenez tout droit sur lui.
Efforcez-vous de garder la même allure durant tout le parcours et regardez votre chien en même temps afin de le reprendre s'il ne va pas correctement.
Il va de soi que vous aurez pensé à ce que votre animal ne se soulage pas dans le ring, que tout cela aura été fait avant, et si possible pas dans les allées de l'enceinte de l'exposition.
Évitez de nourrir votre chien pendant qu'il est examiné.
Soyez sans arrêt attentif, évitez de discuter avec les spectateurs quand c'est votre tour.
Si votre chien s'énerve, cal-

mez-le et restez calme vous-même.
Vous êtes là pour présenter votre chien, c'est-à-dire pour le mettre en valeur. La présentation se travaille au même titre que l'obéissance et cela dès le tout jeune âge.
Vous ne disposez que de peu de temps, alors concentrez-vous sur ce que vous faites. Vous ne pouvez savoir à quel point un juge se sent frustré de ne pouvoir classer un chien parce qu'il est mal présenté. Si vous le faites mal marcher, comment apprécier son mouvement ?
Si vous le présentez avec les pattes avant dans un creux, le juge notera qu'il a un mauvais dos parce qu'il ne sera pas horizontal... et tout là l'avenant ; alors, soyez attentif, bon courage et bonne chance !

LA GALERIE DES CHAMPIONS

CHAMPIONNATS DE FRANCE GOLDEN

1998

CACIB[1]
Mâle : Cheek to Cheek Lucky Strike
Femelle : Goldsand Music Design

CAC[2]
Mâle : Cheek to Cheek Lucky Strike
Femelle : Goldsand Music Design

1999

CACIB
Mâle : Miray's Dream Jumping Jack Flash
Femelle : Quiver of Glen Sheallag

CAC
Mâle : Harris des Garrigues de Ventraben
Femelle : Nanakim du Plateau des Abeilles

2000

CACIB
Mâle : Paudell Pure Passion
Femelle : L'Eau d'Issey du Bois de la Rayère

CAC
Mâle : Paudell Pure Passion
Femelle : L'Eau d'Issey du Bois de la Rayère

2001

CACIB
Mâle : Cheek to Cheek Lucky Strike
Femelle : Dasty Oh Carol

CAC
Mâle : Cheek to Cheek Lucky Strike
Femelle : Dasty Oh Carol

1. Certificat d'aptitude au Championnat International de Beauté.
2. Certificat d'Aptitude au Championnat.

2002

CACIB
Mâle : Paudell Pure Passion
Femelle : Samsara of Glen Sheallag

CAC
Mâle : O'Connor du Bois de la Rayère
Femelle : Samsara of Glen Sheallag

2003

CACIB
Mâle : Paudell Pure Passion
Femelle : Out of the World of Glen Sheallag

CAC
Mâle : Taram du Bois de la Rayère
Femelle : Rumble Tumble of Glen Sheallag

2004

CACIB
Mâle : Taram du Bois de la Rayère
Femelle : Noisette

CAC
Mâle : Taram du Bois de la Rayère
Femelle : Tommy Girl du Bois de la Rayère

CHAMPIONNATS DE FRANCE LABRADOR

1999

CACIB
Mâle : Carromer's Charlie Chalk
Femelle : Laurie du Bois de la Fontenelle

CAC
Mâle : Fairywood's Ixor
Femelle : Laurie du Bois de la Fontenelle

2000

CACIB
Mâle : Carromer's Charlie Chalk
Femelle : Vedette of Misty Dream

CAC
Mâle : Foxrush Word Games
Femelle : Vedette of Misty Dream

2001

CACIB
Mâle : Oak des Bords de la Vesgre
Femelle : Lejie Vanity Fair

CAC
Mâle : Oak des Bords de la Vesgre
Femelle : Olympe de la Forêt des Dianes

2002

CACIB
Mâle : Pop Music des Bords de l'Ysieux
Femelle : Amber

CAC
Mâle : Pop Music des Bords de l'Ysieux
Femelle : Simba de la Région des Lacs

2003

CACIB
Mâle : Mackintosh of Tintagel Winds
Femelle : Sipping Champagne of Tintagel Winds

CAC
Mâle : Samy de la Forêt de Presles
Femelle : Sipping Champagne of Tintagel Winds

2004

CACIB
Mâle : Sireva Secret Agent for Foxrush
Femelle : Poole's Memory of Tintagel Winds

CAC
Mâle : Sireva Secret Agent for Foxrush
Femelle : Poole's Memory of Tintagel Winds

CHAMPIONNATS DE FRANCE FLAT COATED

1999

CACIB
Mâle : Sundewshag of Glen Sheallag
Femelle : Chapelvalley Unley

CAC
Mâle : Batovam Merzenbrunnen
Femelle : Chapelvalley Unley

2000

CACIB
Mâle : Milo du Marais de la Sangsurière
Femelle : Mutine du Marais de la Sangsurière

CAC
Mâle : Milo du Marais de la Sangsurière
Femelle : Mutine du Marais de la Sangsurière

2001

CACIB
Mâle : O'Flanagan Much Ado About Nothing
Femelle : Natty Black Beauty Girl

CAC
Mâle : O'Flanagan Much Ado About Nothing
Femelle : Mutine du Marais de la Sangsurière

2002

CACIB
Mâle : Almanza Clever Cardtrike
Femelle : Night Time of Glen Sheallag

CAC
Mâle : Milo du Marais de la Sangsurière
Femelle : Only Black of Fundy Bay's Naiad

2003

CACIB
Mâle : Orus-Black of Fundy Bay's Naiad
Femelle : Only Black of Fundy Bay's Naiad

CAC
Mâle : Orus-Black of Fundy Bay's Naiad
Femelle : Only Black of Fundy Bay's Naiad

2004

CACIB
Mâle : Obi-Wan of Glen Sheallag
Femelle : Sunday du Marais de la Sangsurière

CAC
Mâle : Ravenswood de la Source d'Edesse
Femelle : Sunday du Marais de la Sangsurière

LES ÉLEVEURS

LABRADOR

Du Canyon de la Lauze
Florence Amiel & Nathalie Galieu
2 et 4 chemin de la Lauze
11120 Ginestas
Tél. : 04 68 46 22 58

Des Monts d'Arvey
Marie-Thérèse Baron
Le Plamaz
St-Jean-d'Arvey
73230 St-Alban-Leysse
Tél. : 04 79 28 42 46

Du Haras de Viento
Simone et Anouck Bary
20, chemin des Épigneaux
95220 Herblay
Tél. : 01 34 50 65 56

Du Marais de la Sangsurière
André et Marcelle Blondel
La Percemaillerie
50390 Saint-Sauveur-le-Vicomte
Tél. : 02 33 21 19 69

Braveheart
Laurence Maudet
L'hippodrome
36290 Saint-Michel-en-Brenne
Tél. : 02 54 38 50 02

Du Mas de Mailys
Cantarella Christine et Fontana Gérard
Mazet des Sansouïres – Albaron
13200 Arles
Tél. : 04 90 97 13 06

Des Molosses du Narais
Mickael Clément
12, rue Auguste Lecomte
72150 Le-Grand-Lucé
Tél. : 02 43 75 31 16

Duckinson
Thierry Delumeau
Complexe Canin de Saverne
Le Saut du Prince Charles
67700 Saverne
Tél. : 03 88 71 47 25

Miodyca
Jean-Marc Dia
Le Defait
27130 Courteilles
Tél. : 02 32 38 26 32

De l'Étang Balancet
Anne-Charlotte Dreyfus
La Butte
61240 Nonant-le-Pin
Tél. : 02 33 39 37 19

Du Dolmen de Cotherac
Eric et Corinne Dupuis
4, rue Albert Camus
80570 Dargnies
Tél. : 03 22 30 55 17
http://perso.wanadoo.fr/dolmen.de.cotherac

Des Bords de l'Ysieux
Claude et Nathalie Frison
10, rue du Moulin
95570 Attainville
Tél. : 01 39 35 13 98

Du Clos Mont-Olivet
Myriam et Stéphane Garcia
Ancienne route d'Avignon
Mas Mont-Olivet
84850 Camaret-sur-Aigues
Tél. : 04 90 37 28 11

Guisachan
Alain Goukassow
Élevage de Guisachan
Le Grand Chaussé
49140 Seiches s/Loir
Tél. : 02 41 76 45 49

De la Vallée Chéron
Véronique Grison
Élevage de la Vallée Chéron
95810 Arronville
Tél. : 01 34 66 23 25

D'Éléonore d'Aquitaine
Éléonore Hofman
B.P. 88
47202 Marmande Cedex
Tél. : 05 53 20 15 56 (HB)
05 53 20 06 46 (HR)

De la Région des Lacs
Sophie Lamoureux et Carole Fouquet
La Garette
41400 Pontlevoy
Tél. : 02 54 32 10 82

Des Hauts de Campardon
Jacques Monscavoir
15, chemin de Campardon
31600 Lherm
Tél. : 05 61 56 15 44

GOLDEN RETRIEVER

De la Tribu Dorée
Pascal & Sylvie Barsanti
32, Grande Rue
25330 Amondans
Tél. : 03 81 86 69 30

Cheek to Cheek
Jean-Baptiste et Marie-Alpais Bazin
La Chapelle
14130 Saint-Philbert-des-Champs
Tél. : 02 31 64 20 33

Du Lac d'Épisy
Karine Cleuet
67, chemin de la Géométrie
76940 Vatteville-la-Rue
Tél. : 02 32 70 03 50

De l'Isle de Garde
Armelle et Roland Cornou
La Rivière
49220 Brain-sur-Longuenée
Tél. : 02 41 95 19 85

Le Pas des Cambergeres
Maryse Courtial-Boniface
14 ZAC les Brosses CD 518
38540 Heyrieux
Tél. : 04 78 40 53 10

De la Lande d'Argos
Laurence des Courtis
18, chemin de Mauriceau
33920 Saint-Yzan-de-Soudiac
Tél. : 05 57 58 41 61

Du Bois de la Rayère
Bruno Facq
56, route Nationale
59241 Masnières
Tél. : 03 27 75 11 55

Des Rives de la Bidouze
Viviane Filatreau
Maison Salaria
64120 Uhart Mixe
Tél. : 05 59 09 16 20

Du Moulin Pommier
Patrice Habert
07340 Vinzieux
Tél. : 04 75 34 00 96

Des Bruyères de Servière
Nathalie et Philippe Laronde
Route de la Pradelle Viallard
63530 Volvic
Tél. : 04 73 33 60 35

Des Cimes Étoilées
Sylvie et Rémy Le Lann
40, La Gouairie
44260 Savenay
Tél. : 02 40 58 41 48

Of Chelsea Garden
Catherine Moreaux
Les Clèdes
13116 Vernègues
Tél. : 04 90 59 33 72

De Chantemelse
Serge Motillon
Les Roquinières
72440 Saint-Michel
Tél. : 02 43 35 47 93

Des Jardins d'Epona
Sébastien Muller Boyer
Roscoff (Lieu Dit)
29390 Scaer
Tél. : 02 98 57 68 85

Feelgood Lazarizou
Fabienne Studlé
6, rue principale
57640 Vigy
Tél. : 03 87 77 97 19

De la Cherferie
Marie-Laurence Theil-Delahaye
Les Bruyères
219, route des grands Lacs
33470 Gujan-Mestras
Tél. : 05 57 52 41 75

D'Escolore
Vanessa Thierry
« La Roche »
63160 Bongheat
Tél. : 04 73 68 33 46

Royaume du Golden
Daphné Turin
385, chemin des Coustousses
31660 Bessières
Tél. : 05 34 26 12 22

Des Pensées Sauvages Dômes
Vargas Denise et Vargas Alexandra
63400 Chamalières
Tél. : 04 73 36 88 58

FLAT COATED

Du Val des Granges
Geneviève Copiatti
Ferme Minots
10210 Pargues
Tél. : 03 25 70 45 00

De la Passe de l'Eider
Anne-Marie Le Roueil
La grange du bois
01320 Chatillon-la-Palud
Tél. : 04 74 35 47 81

Talf
La Fage
12320 Pruines
Tél. : 05 65 72 90 93

De la Source d'Edesse
Arnaud & Audrey Thioloy
6, route d'Hancourt
51290 Margerie-Hancourt
Tél. : 03 26 73 01 81

INDEX ANALYTIQUE

TABLE DES MATIÈRES